EL ÉXITO

▶ es un ◀

ESTADO

DE

MENTE

Este diario pertenece a

Título _____

Nombre _____

¿Qué es el libro de los 75 retos difíciles?

El reto de los 75 duros es un concepto que se hizo para cambiar su salud física y mental, por lo tanto, cambiar su vida para mejor a través de la dureza mental.

El reto consiste en atenerse a ciertos principios durante 75 días sin parar. Estos pilares o principios básicos son:

1. Seguir una dieta. El reto no especifica ni elige una dieta específica para ti. Es usted quien debe planificarla. Eso sí, la dieta debe excluir el alcohol o las comidas trampa.

2. Entrenar dos veces al día durante al menos 45 minutos. El reto dicta que es mejor que uno de estos entrenamientos sea una sesión al aire libre.

3. Beba 4 litros de agua.

4. Leer 10 páginas de un libro cada día.

5. Darse cinco minutos de ducha fría.

6. Hazte una foto de progreso diariamente.

7. Realizar un acto de bondad.

¿Cómo utilizar este diario?

Es muy sencillo y fácil de usar. Antes de empezar cada día, escribe el número del día en el círculo (marca 6).

Cada día tendrás que rellenar dos páginas (por ejemplo, las páginas 8 y 9).

La primera página te ayuda a organizar tu día a través de la agenda diaria y la lista de tareas. También puede hacer un seguimiento de sus logros al final del día utilizando la lista de control diaria.

La segunda página contiene detalles sobre la planificación de la dieta y la estrategia de entrenamiento, así como todos los demás principios que tienes que seguir durante el reto.

Eso es todo... ¡¡¡Diviértete!!!

El 75 Difícil Desafío

FECHA DE INICIO:  ....

OOOOOOOOO
OOOOOOOOO
OOOOOOOOO
OOOOOOOOO
OOOOOOOOO
OOOOOOOOO
OOOOOOOOO
OOOOOOOOO
OO(75)

OBJETIVO DE PESO:  ....

AFIRMACIÓN: ....

ÉXITO

es conseguir lo que

 **QUIERE**

felicidad

es querer lo que

 **OBTENGA**

FECHA: .... # Programa Diario  **DÍA 1**

PROGRAMA DIARIO

6:00 am ....
7:00 am ....
8:00 am ....
9:00 am ....
10:00 am ....
11:00 am ....
12:00 am ....
13:00 pm ....
14:00 pm ....
15:00 pm ....
16:00 pm ....
17:00 pm ....
18:00 pm ....
19:00 pm ....
20:00 pm ....
21:00 pm ....
22:00 pm ....

LISTA DE CONTROL DIARIO

○ SIGA UNA DIETA
○ 45 minutos de entrenamiento
○ 4 LITROS DE AGUA
○ 10 PÁGINAS DE LECTURA
○ 5 minutos de ducha fría
○ SIN ALCOHOL Y CHEAT MEAL
○ UN ACTO DE BONDAD

LISTA DE TAREAS

○ ....
○ ....
○ ....
○ ....
○ ....
○ ....
○ ....
○ ....
○ ....
○ ....
○ ....

AFIRMACIÓN

PLAN DE DIETA	DESAYUNO		☕
	ALMUERZO		🍴
	CENA		🕯️

PLAN DE TRABAJO	EJERCICIO	REPETICIÓN	DURACIÓN	NOTAS

LECTURA	TÍTULO	AUTOR	PÁGINAS

RASTREADOR DE ESTADO DE ÁNIMO

☺ ☐ 😐 ☐ ☹ ☐ 😠 ☐

ENTRADA DE AGUA

1L 1L 1L 1L

UN ACTO DE BONDAD QUE HICE HOY:

Programa Diario

PROGRAMA DIARIO

6:00 am ....
7:00 am ....
8:00 am ....
9:00 am ....
10:00 am ....
11:00 am ....
12:00 am ....
13:00 pm ....
14:00 pm ....
15:00 pm ....
16:00 pm ....
17:00 pm ....
18:00 pm ....
19:00 pm ....
20:00 pm ....
21:00 pm ....
22:00 pm ....

LISTA DE CONTROL DIARIO

○ SIGA UNA DIETA
○ 45 minutos de entrenamiento
○ 4 LITROS DE AGUA
○ 10 PÁGINAS DE LECTURA
○ 5 minutos de ducha fría
○ SIN ALCOHOL Y CHEAT MEAL
○ UN ACTO DE BONDAD

LISTA DE TAREAS

○ ....
○ ....
○ ....
○ ....
○ ....
○ ....
○ ....
○ ....
○ ....
○ ....
○ ....
○ ....

AFIRMACIÓN

PLAN DE DIETA		
DESAYUNO		
ALMUERZO		
CENA		

PLAN DE TRABAJO				
EJERCICIO	REPETICIÓN	DURACIÓN	NOTAS

LECTURA			
TÍTULO	AUTOR	PÁGINAS

RASTREADOR DE ESTADO DE ÁNIMO

ENTRADA DE AGUA

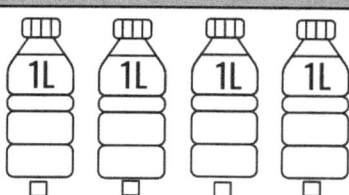

UN ACTO DE BONDAD QUE HICE HOY:

Programa Diario

DÍA 3

PROGRAMA DIARIO

6:00   am ....
7:00   am ....
8:00 am ....
9:00 am ....
10:00 am ....
11:00 am ....
12:00 am ....
13:00 pm ....
14:00 pm ....
15:00 pm ....
16:00 pm ....
17:00 pm ....
18:00 pm ....
19:00 pm ....
20:00 pm ....
21:00 pm ....
22:00 pm ....

LISTA DE CONTROL DIARIO

○ SIGA UNA DIETA
○ 45 minutos de entrenamiento
○ 4 LITROS DE AGUA
○ 10 PÁGINAS DE LECTURA
○ 5 minutos de ducha fría
○ SIN ALCOHOL Y CHEAT MEAL
○ UN ACTO DE BONDAD

LISTA DE TAREAS

○ ....
○ ....
○ ....
○ ....
○ ....
○ ....
○ ....
○ ....
○ ....
○ ....
○ ....

AFIRMACIÓN

PLAN DE DIETA		
DESAYUNO		
ALMUERZO		
CENA		

PLAN DE TRABAJO	EJERCICIO	REPETICIÓN	DURACIÓN	NOTAS

LECTURA	TÍTULO	AUTOR	PÁGINAS

RASTREADOR DE ESTADO DE ÁNIMO

ENTRADA DE AGUA

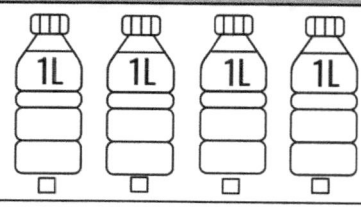

UN ACTO DE BONDAD QUE HICE HOY:

Programa Diario

DÍA 4

PROGRAMA DIARIO

6:00   am ....
7:00   am ....
8:00 am ....
9:00 am ....
10:00 am ....
11:00 am ....
12:00 am ....
13:00 pm ....
14:00 pm ....
15:00 pm ....
16:00 pm ....
17:00 pm ....
18:00 pm ....
19:00 pm ....
20:00 pm ....
21:00 pm ....
22:00 pm ....

LISTA DE CONTROL DIARIO

○ SIGA UNA DIETA
○ 45 minutos de entrenamiento
○ 4 LITROS DE AGUA
○ 10 PÁGINAS DE LECTURA
○ 5 minutos de ducha fría
○ SIN ALCOHOL Y CHEAT MEAL
○ UN ACTO DE BONDAD

LISTA DE TAREAS

○ ....
○ ....
○ ....
○ ....
○ ....
○ ....
○ ....
○ ....
○ ....
○ ....
○ ....
○ ....

AFIRMACIÓN

PLAN DE DIETA		
DESAYUNO		
ALMUERZO		
CENA		

PLAN DE TRABAJO	EJERCICIO	REPETICIÓN	DURACIÓN	NOTAS

LECTURA	TÍTULO	AUTOR	PÁGINAS

RASTREADOR DE ESTADO DE ÁNIMO

ENTRADA DE AGUA

1L 1L 1L 1L

UN ACTO DE BONDAD QUE HICE HOY:

Programa Diario

PROGRAMA DIARIO

6:00   am ....
7:00   am ....
8:00 am ....
9:00 am ....
10:00 am ....
11:00 am ....
12:00 am ....
13:00 pm ....
14:00 pm ....
15:00 pm ....
16:00 pm ....
17:00 pm ....
18:00 pm ....
19:00 pm ....
20:00 pm ....
21:00 pm ....
22:00 pm ....

LISTA DE CONTROL DIARIO

○ SIGA UNA DIETA
○ 45 minutos de entrenamiento
○ 4 LITROS DE AGUA
○ 10 PÁGINAS DE LECTURA
○ 5 minutos de ducha fría
○ SIN ALCOHOL Y CHEAT MEAL
○ UN ACTO DE BONDAD

LISTA DE TAREAS

○ ....
○ ....
○ ....
○ ....
○ ....
○ ....
○ ....
○ ....
○ ....
○ ....
○ ....

AFIRMACIÓN

PLAN DE DIETA		
DESAYUNO		
ALMUERZO		
CENA		

PLAN DE TRABAJO	EJERCICIO	REPETICIÓN	DURACIÓN	NOTAS

LECTURA	TÍTULO	AUTOR	PÁGINAS

RASTREADOR DE ESTADO DE ÁNIMO

ENTRADA DE AGUA

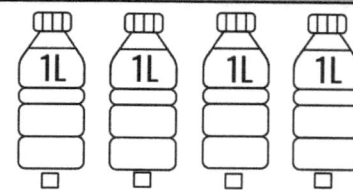

UN ACTO DE BONDAD QUE HICE HOY:

FECHA: ....

Programa Diario

DÍA 6

PROGRAMA DIARIO

6:00 am	
7:00 am	
8:00 am	
9:00 am	
10:00 am	
11:00 am	
12:00 am	
13:00 pm	
14:00 pm	
15:00 pm	
16:00 pm	
17:00 pm	
18:00 pm	
19:00 pm	
20:00 pm	
21:00 pm	
22:00 pm	

AFIRMACIÓN

LISTA DE CONTROL DIARIO

- ○ SIGA UNA DIETA
- ○ 45 minutos de entrenamiento
- ○ 4 LITROS DE AGUA
- ○ 10 PÁGINAS DE LECTURA
- ○ 5 minutos de ducha fría
- ○ SIN ALCOHOL Y CHEAT MEAL
- ○ UN ACTO DE BONDAD

LISTA DE TAREAS

- ○
- ○
- ○
- ○
- ○
- ○
- ○
- ○
- ○
- ○
- ○

PLAN DE DIETA		
DESAYUNO		
ALMUERZO		
CENA		

PLAN DE TRABAJO	EJERCICIO	REPETICIÓN	DURACIÓN	NOTAS

LECTURA	TÍTULO	AUTOR	PÁGINAS

RASTREADOR DE ESTADO DE ÁNIMO

ENTRADA DE AGUA

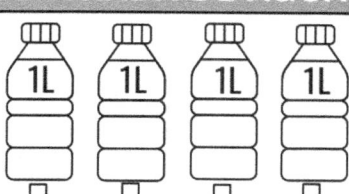

UN ACTO DE BONDAD QUE HICE HOY:

FECHA: ....

Programa Diario

DÍA 7

PROGRAMA DIARIO

6:00　am ....
7:00　am ....
8:00 am ....
9:00 am ....
10:00 am ....
11:00 am ....
12:00 am ....
13:00 pm ....
14:00 pm ....
15:00 pm ....
16:00 pm ....
17:00 pm ....
18:00 pm ....
19:00 pm ....
20:00 pm ....
21:00 pm ....
22:00 pm ....

AFIRMACIÓN

LISTA DE CONTROL DIARIO

○ SIGA UNA DIETA
○ 45 minutos de entrenamiento
○ 4 LITROS DE AGUA
○ 10 PÁGINAS DE LECTURA
○ 5 minutos de ducha fría
○ SIN ALCOHOL Y CHEAT MEAL
○ UN ACTO DE BONDAD

LISTA DE TAREAS

○ ....
○ ....
○ ....
○ ....
○ ....
○ ....
○ ....
○ ....
○ ....
○ ....
○ ....

PLAN DE DIETA	DESAYUNO	
	ALMUERZO	
	CENA	

	EJERCICIO	REPETICIÓN	DURACIÓN	NOTAS
PLAN DE TRABAJO				

	TÍTULO	AUTOR	PÁGINAS
LECTURA			

RASTREADOR DE ESTADO DE ÁNIMO

ENTRADA DE AGUA

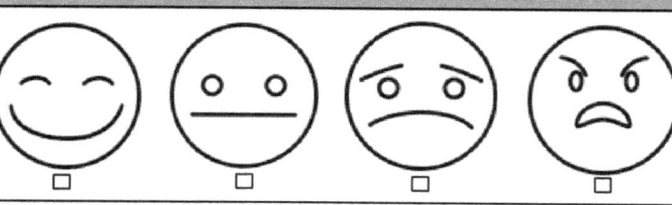

☐ ☐ ☐ ☐

☐ ☐ ☐ ☐

UN ACTO DE BONDAD QUE HICE HOY:

FECHA: ....

Programa Diario

PROGRAMA DIARIO

6:00   am ....
7:00   am ....
8:00 am ....
9:00 am ....
10:00 am ....
11:00 am ....
12:00 am ....
13:00 pm ....
14:00 pm ....
15:00 pm ....
16:00 pm ....
17:00 pm ....
18:00 pm ....
19:00 pm ....
20:00 pm ....
21:00 pm ....
22:00 pm ....

LISTA DE CONTROL DIARIO

○ SIGA UNA DIETA
○ 45 minutos de entrenamiento
○ 4 LITROS DE AGUA
○ 10 PÁGINAS DE LECTURA
○ 5 minutos de ducha fría
○ SIN ALCOHOL Y CHEAT MEAL
○ UN ACTO DE BONDAD

LISTA DE TAREAS

○ ....
○ ....
○ ....
○ ....
○ ....
○ ....
○ ....
○ ....
○ ....
○ ....
○ ....

AFIRMACIÓN

PLAN DE DIETA		
DESAYUNO		
ALMUERZO		
CENA		

PLAN DE TRABAJO			
EJERCICIO	REPETICIÓN	DURACIÓN	NOTAS

LECTURA		
TÍTULO	AUTOR	PÁGINAS

RASTREADOR DE ESTADO DE ÁNIMO

ENTRADA DE AGUA

UN ACTO DE BONDAD QUE HICE HOY:

Programa Diario

DÍA 9

PROGRAMA DIARIO

6:00   am ....
7:00   am ....
8:00 am ....
9:00 am ....
10:00 am ....
11:00 am ....
12:00 am ....
13:00 pm ....
14:00 pm ....
15:00 pm ....
16:00 pm ....
17:00 pm ....
18:00 pm ....
19:00 pm ....
20:00 pm ....
21:00 pm ....
22:00 pm ....

LISTA DE CONTROL DIARIO

○ SIGA UNA DIETA
○ 45 minutos de entrenamiento
○ 4 LITROS DE AGUA
○ 10 PÁGINAS DE LECTURA
○ 5 minutos de ducha fría
○ SIN ALCOHOL Y CHEAT MEAL
○ UN ACTO DE BONDAD

LISTA DE TAREAS

○ ....
○ ....
○ ....
○ ....
○ ....
○ ....
○ ....
○ ....
○ ....
○ ....
○ ....

AFIRMACIÓN

PLAN DE DIETA		
DESAYUNO		
ALMUERZO		
CENA		

PLAN DE TRABAJO	EJERCICIO	REPETICIÓN	DURACIÓN	NOTAS

LECTURA	TÍTULO	AUTOR	PÁGINAS

RASTREADOR DE ESTADO DE ÁNIMO

ENTRADA DE AGUA

1L 1L 1L 1L

UN ACTO DE BONDAD QUE HICE HOY:

FECHA: ....

Programa Diario

DÍA 10

PROGRAMA DIARIO

6:00   am ....
7:00   am ....
8:00 am ....
9:00 am ....
10:00 am ....
11:00 am ....
12:00 am ....
13:00 pm ....
14:00 pm ....
15:00 pm ....
16:00 pm ....
17:00 pm ....
18:00 pm ....
19:00 pm ....
20:00 pm ....
21:00 pm ....
22:00 pm ....

AFIRMACIÓN

LISTA DE CONTROL DIARIO

○ SIGA UNA DIETA
○ 45 minutos de entrenamiento
○ 4 LITROS DE AGUA
○ 10 PÁGINAS DE LECTURA
○ 5 minutos de ducha fría
○ SIN ALCOHOL Y CHEAT MEAL
○ UN ACTO DE BONDAD

LISTA DE TAREAS

○ ....
○ ....
○ ....
○ ....
○ ....
○ ....
○ ....
○ ....
○ ....
○ ....
○ ....
○ ....

PLAN DE DIETA		
DESAYUNO		
ALMUERZO		
CENA		

PLAN DE TRABAJO	EJERCICIO	REPETICIÓN	DURACIÓN	NOTAS

LECTURA	TÍTULO	AUTOR	PÁGINAS

RASTREADOR DE ESTADO DE ÁNIMO

ENTRADA DE AGUA

1L 1L 1L 1L

UN ACTO DE BONDAD QUE HICE HOY:

Programa Diario

DÍA 11

PROGRAMA DIARIO

6:00 am ....
7:00 am ....
8:00 am ....
9:00 am ....
10:00 am ....
11:00 am ....
12:00 am ....
13:00 pm ....
14:00 pm ....
15:00 pm ....
16:00 pm ....
17:00 pm ....
18:00 pm ....
19:00 pm ....
20:00 pm ....
21:00 pm ....
22:00 pm ....

LISTA DE CONTROL DIARIO

○ SIGA UNA DIETA
○ 45 minutos de entrenamiento
○ 4 LITROS DE AGUA
○ 10 PÁGINAS DE LECTURA
○ 5 minutos de ducha fría
○ SIN ALCOHOL Y CHEAT MEAL
○ UN ACTO DE BONDAD

LISTA DE TAREAS

○ ....
○ ....
○ ....
○ ....
○ ....
○ ....
○ ....
○ ....
○ ....
○ ....
○ ....

AFIRMACIÓN

PLAN DE DIETA	DESAYUNO		
	ALMUERZO		
	CENA		

PLAN DE TRABAJO	EJERCICIO	REPETICIÓN	DURACIÓN	NOTAS

LECTURA	TÍTULO	AUTOR	PÁGINAS

RASTREADOR DE ESTADO DE ÁNIMO

ENTRADA DE AGUA

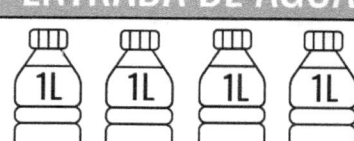

UN ACTO DE BONDAD QUE HICE HOY:

Programa Diario

 **DÍA 12**

PROGRAMA DIARIO

6:00 am ....
7:00 am ....
8:00 am ....
9:00 am ....
10:00 am ....
11:00 am ....
12:00 am ....
13:00 pm ....
14:00 pm ....
15:00 pm ....
16:00 pm ....
17:00 pm ....
18:00 pm ....
19:00 pm ....
20:00 pm ....
21:00 pm ....
22:00 pm ....

LISTA DE CONTROL DIARIO

○ SIGA UNA DIETA
○ 45 minutos de entrenamiento
○ 4 LITROS DE AGUA
○ 10 PÁGINAS DE LECTURA
○ 5 minutos de ducha fría
○ SIN ALCOHOL Y CHEAT MEAL
○ UN ACTO DE BONDAD

LISTA DE TAREAS

○ ....
○ ....
○ ....
○ ....
○ ....
○ ....
○ ....
○ ....
○ ....
○ ....
○ ....
○ ....

AFIRMACIÓN

....
....
....
....
....

PLAN DE DIETA		
DESAYUNO		
ALMUERZO		
CENA		

PLAN DE TRABAJO	EJERCICIO	REPETICIÓN	DURACIÓN	NOTAS

LECTURA	TÍTULO	AUTOR	PÁGINAS

RASTREADOR DE ESTADO DE ÁNIMO

☐ ☐ ☐ ☐

ENTRADA DE AGUA

1L 1L 1L 1L

☐ ☐ ☐ ☐

UN ACTO DE BONDAD QUE HICE HOY:

Programa Diario

 **DÍA 13**

PROGRAMA DIARIO

6:00 am ....
7:00 am ....
8:00 am ....
9:00 am ....
10:00 am ....
11:00 am ....
12:00 am ....
13:00 pm ....
14:00 pm ....
15:00 pm ....
16:00 pm ....
17:00 pm ....
18:00 pm ....
19:00 pm ....
20:00 pm ....
21:00 pm ....
22:00 pm ....

LISTA DE CONTROL DIARIO

○ SIGA UNA DIETA
○ 45 minutos de entrenamiento
○ 4 LITROS DE AGUA
○ 10 PÁGINAS DE LECTURA
○ 5 minutos de ducha fría
○ SIN ALCOHOL Y CHEAT MEAL
○ UN ACTO DE BONDAD

LISTA DE TAREAS

○ ....
○ ....
○ ....
○ ....
○ ....
○ ....
○ ....
○ ....
○ ....
○ ....
○ ....

AFIRMACIÓN

PLAN DE DIETA		
DESAYUNO		
ALMUERZO		
CENA		

PLAN DE TRABAJO	EJERCICIO	REPETICIÓN	DURACIÓN	NOTAS

LECTURA	TÍTULO	AUTOR	PÁGINAS

RASTREADOR DE ESTADO DE ÁNIMO

ENTRADA DE AGUA

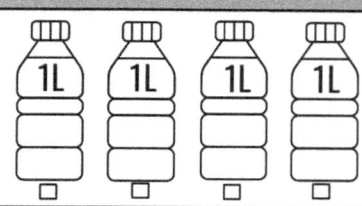

UN ACTO DE BONDAD QUE HICE HOY:

Programa Diario

DÍA 14

PROGRAMA DIARIO

6:00 am ....
7:00 am ....
8:00 am ....
9:00 am ....
10:00 am ....
11:00 am ....
12:00 am ....
13:00 pm ....
14:00 pm ....
15:00 pm ....
16:00 pm ....
17:00 pm ....
18:00 pm ....
19:00 pm ....
20:00 pm ....
21:00 pm ....
22:00 pm ....

LISTA DE CONTROL DIARIO

- ○ SIGA UNA DIETA
- ○ 45 minutos de entrenamiento
- ○ 4 LITROS DE AGUA
- ○ 10 PÁGINAS DE LECTURA
- ○ 5 minutos de ducha fría
- ○ SIN ALCOHOL Y CHEAT MEAL
- ○ UN ACTO DE BONDAD

LISTA DE TAREAS

- ○ ....
- ○ ....
- ○ ....
- ○ ....
- ○ ....
- ○ ....
- ○ ....
- ○ ....
- ○ ....
- ○ ....
- ○ ....

AFIRMACIÓN

PLAN DE DIETA		
DESAYUNO		
ALMUERZO		
CENA		

PLAN DE TRABAJO	EJERCICIO	REPETICIÓN	DURACIÓN	NOTAS

LECTURA	TÍTULO	AUTOR	PÁGINAS

RASTREADOR DE ESTADO DE ÁNIMO

ENTRADA DE AGUA

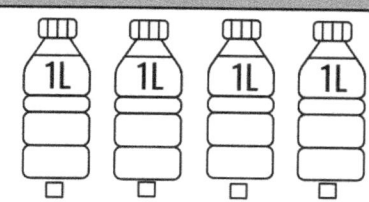

UN ACTO DE BONDAD QUE HICE HOY:

Programa Diario

DÍA 15

PROGRAMA DIARIO

6:00 am
7:00 am
8:00 am
9:00 am
10:00 am
11:00 am
12:00 am
13:00 pm
14:00 pm
15:00 pm
16:00 pm
17:00 pm
18:00 pm
19:00 pm
20:00 pm
21:00 pm
22:00 pm

LISTA DE CONTROL DIARIO

○ SIGA UNA DIETA
○ 45 minutos de entrenamiento
○ 4 LITROS DE AGUA
○ 10 PÁGINAS DE LECTURA
○ 5 minutos de ducha fría
○ SIN ALCOHOL Y CHEAT MEAL
○ UN ACTO DE BONDAD

LISTA DE TAREAS

○
○
○
○
○
○
○
○
○
○
○

AFIRMACIÓN

PLAN DE DIETA		
DESAYUNO		
ALMUERZO		
CENA		

PLAN DE TRABAJO	EJERCICIO	REPETICIÓN	DURACIÓN	NOTAS

LECTURA	TÍTULO	AUTOR	PÁGINAS

RASTREADOR DE ESTADO DE ÁNIMO

ENTRADA DE AGUA

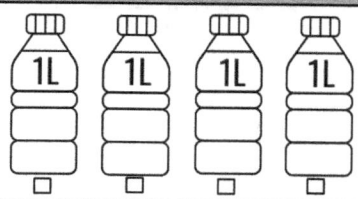

UN ACTO DE BONDAD QUE HICE HOY:

Programa Diario

PROGRAMA DIARIO

6:00   am
7:00   am
8:00 am
9:00 am
10:00 am
11:00 am
12:00 am
13:00 pm
14:00 pm
15:00 pm
16:00 pm
17:00 pm
18:00 pm
19:00 pm
20:00 pm
21:00 pm
22:00 pm

LISTA DE CONTROL DIARIO

○ SIGA UNA DIETA
○ 45 minutos de entrenamiento
○ 4 LITROS DE AGUA
○ 10 PÁGINAS DE LECTURA
○ 5 minutos de ducha fría
○ SIN ALCOHOL Y CHEAT MEAL
○ UN ACTO DE BONDAD

LISTA DE TAREAS

○
○
○
○
○
○
○
○
○
○
○

AFIRMACIÓN

PLAN DE DIETA		
DESAYUNO		
ALMUERZO		
CENA		

PLAN DE TRABAJO	EJERCICIO	REPETICIÓN	DURACIÓN	NOTAS

LECTURA	TÍTULO	AUTOR	PÁGINAS

RASTREADOR DE ESTADO DE ÁNIMO

ENTRADA DE AGUA

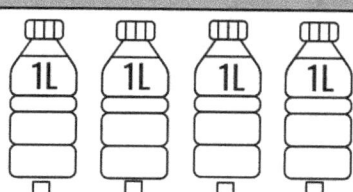

1L 1L 1L 1L

UN ACTO DE BONDAD QUE HICE HOY:

FECHA: ....

Programa Diario

PROGRAMA DIARIO

6:00 am ....
7:00 am ....
8:00 am ....
9:00 am ....
10:00 am ....
11:00 am ....
12:00 am ....
13:00 pm ....
14:00 pm ....
15:00 pm ....
16:00 pm ....
17:00 pm ....
18:00 pm ....
19:00 pm ....
20:00 pm ....
21:00 pm ....
22:00 pm ....

LISTA DE CONTROL DIARIO

○ SIGA UNA DIETA
○ 45 minutos de entrenamiento
○ 4 LITROS DE AGUA
○ 10 PÁGINAS DE LECTURA
○ 5 minutos de ducha fría
○ SIN ALCOHOL Y CHEAT MEAL
○ UN ACTO DE BONDAD

LISTA DE TAREAS

○ ....
○ ....
○ ....
○ ....
○ ....
○ ....
○ ....
○ ....
○ ....
○ ....
○ ....

AFIRMACIÓN

PLAN DE DIETA		
DESAYUNO		☕
ALMUERZO		🍴
CENA		🕯️

PLAN DE TRABAJO			
EJERCICIO	REPETICIÓN	DURACIÓN	NOTAS

LECTURA		
TÍTULO	AUTOR	PÁGINAS

RASTREADOR DE ESTADO DE ÁNIMO

ENTRADA DE AGUA

UN ACTO DE BONDAD QUE HICE HOY:

Programa Diario

 **DÍA 18**

PROGRAMA DIARIO

6:00 am ....
7:00 am ....
8:00 am ....
9:00 am ....
10:00 am ....
11:00 am ....
12:00 am ....
13:00 pm ....
14:00 pm ....
15:00 pm ....
16:00 pm ....
17:00 pm ....
18:00 pm ....
19:00 pm ....
20:00 pm ....
21:00 pm ....
22:00 pm ....

AFIRMACIÓN

LISTA DE CONTROL DIARIO

- ○ SIGA UNA DIETA
- ○ 45 minutos de entrenamiento
- ○ 4 LITROS DE AGUA
- ○ 10 PÁGINAS DE LECTURA
- ○ 5 minutos de ducha fría
- ○ SIN ALCOHOL Y CHEAT MEAL
- ○ UN ACTO DE BONDAD

LISTA DE TAREAS

- ○ ....
- ○ ....
- ○ ....
- ○ ....
- ○ ....
- ○ ....
- ○ ....
- ○ ....
- ○ ....
- ○ ....
- ○ ....

PLAN DE DIETA		
DESAYUNO		
ALMUERZO		
CENA		

PLAN DE TRABAJO	EJERCICIO	REPETICIÓN	DURACIÓN	NOTAS

LECTURA	TÍTULO	AUTOR	PÁGINAS

RASTREADOR DE ESTADO DE ÁNIMO

ENTRADA DE AGUA

UN ACTO DE BONDAD QUE HICE HOY:

FECHA: ....

Programa Diario

DÍA 19

PROGRAMA DIARIO

6:00 am ....
7:00 am ....
8:00 am ....
9:00 am ....
10:00 am ....
11:00 am ....
12:00 am ....
13:00 pm ....
14:00 pm ....
15:00 pm ....
16:00 pm ....
17:00 pm ....
18:00 pm ....
19:00 pm ....
20:00 pm ....
21:00 pm ....
22:00 pm ....

LISTA DE CONTROL DIARIO

○ SIGA UNA DIETA
○ 45 minutos de entrenamiento
○ 4 LITROS DE AGUA
○ 10 PÁGINAS DE LECTURA
○ 5 minutos de ducha fría
○ SIN ALCOHOL Y CHEAT MEAL
○ UN ACTO DE BONDAD

LISTA DE TAREAS

○ ....
○ ....
○ ....
○ ....
○ ....
○ ....
○ ....
○ ....
○ ....
○ ....
○ ....

AFIRMACIÓN

PLAN DE DIETA		
DESAYUNO		
ALMUERZO		
CENA		

PLAN DE TRABAJO	EJERCICIO	REPETICIÓN	DURACIÓN	NOTAS

LECTURA	TÍTULO	AUTOR	PÁGINAS

RASTREADOR DE ESTADO DE ÁNIMO

ENTRADA DE AGUA

UN ACTO DE BONDAD QUE HICE HOY:

Programa Diario

 **DÍA 20**

PROGRAMA DIARIO

6:00 am ....
7:00 am ....
8:00 am ....
9:00 am ....
10:00 am ....
11:00 am ....
12:00 am ....
13:00 pm ....
14:00 pm ....
15:00 pm ....
16:00 pm ....
17:00 pm ....
18:00 pm ....
19:00 pm ....
20:00 pm ....
21:00 pm ....
22:00 pm ....

LISTA DE CONTROL DIARIO

○ SIGA UNA DIETA
○ 45 minutos de entrenamiento
○ 4 LITROS DE AGUA
○ 10 PÁGINAS DE LECTURA
○ 5 minutos de ducha fría
○ SIN ALCOHOL Y CHEAT MEAL
○ UN ACTO DE BONDAD

LISTA DE TAREAS

○
○
○
○
○
○
○
○
○
○
○

AFIRMACIÓN

PLAN DE DIETA		
DESAYUNO		
ALMUERZO		
CENA		

PLAN DE TRABAJO	EJERCICIO	REPETICIÓN	DURACIÓN	NOTAS

LECTURA	TÍTULO	AUTOR	PÁGINAS

RASTREADOR DE ESTADO DE ÁNIMO

☐ ☐ ☐ ☐

ENTRADA DE AGUA

1L 1L 1L 1L

UN ACTO DE BONDAD QUE HICE HOY:

Programa Diario

DÍA 21

PROGRAMA DIARIO

6:00   am ....
7:00   am ....
8:00 am ....
9:00 am ....
10:00 am ....
11:00 am ....
12:00 am ....
13:00 pm ....
14:00 pm ....
15:00 pm ....
16:00 pm ....
17:00 pm ....
18:00 pm ....
19:00 pm ....
20:00 pm ....
21:00 pm ....
22:00 pm ....

LISTA DE CONTROL DIARIO

○ SIGA UNA DIETA
○ 45 minutos de entrenamiento
○ 4 LITROS DE AGUA
○ 10 PÁGINAS DE LECTURA
○ 5 minutos de ducha fría
○ SIN ALCOHOL Y CHEAT MEAL
○ UN ACTO DE BONDAD

LISTA DE TAREAS

○ ....
○ ....
○ ....
○ ....
○ ....
○ ....
○ ....
○ ....
○ ....
○ ....
○ ....
○ ....

AFIRMACIÓN

PLAN DE DIETA		
DESAYUNO		
ALMUERZO		
CENA		

PLAN DE TRABAJO	EJERCICIO	REPETICIÓN	DURACIÓN	NOTAS

LECTURA	TÍTULO	AUTOR	PÁGINAS

RASTREADOR DE ESTADO DE ÁNIMO

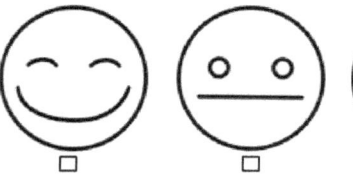  

ENTRADA DE AGUA

UN ACTO DE BONDAD QUE HICE HOY:

FECHA: .... # Programa Diario  **DÍA 22**

PROGRAMA DIARIO

6:00 am ....
7:00 am ....
8:00 am ....
9:00 am ....
10:00 am ....
11:00 am ....
12:00 am ....
13:00 pm ....
14:00 pm ....
15:00 pm ....
16:00 pm ....
17:00 pm ....
18:00 pm ....
19:00 pm ....
20:00 pm ....
21:00 pm ....
22:00 pm ....

AFIRMACIÓN

LISTA DE CONTROL DIARIO

○ SIGA UNA DIETA
○ 45 minutos de entrenamiento
○ 4 LITROS DE AGUA
○ 10 PÁGINAS DE LECTURA
○ 5 minutos de ducha fría
○ SIN ALCOHOL Y CHEAT MEAL
○ UN ACTO DE BONDAD

LISTA DE TAREAS

○ ....
○ ....
○ ....
○ ....
○ ....
○ ....
○ ....
○ ....
○ ....
○ ....
○ ....

PLAN DE DIETA		
DESAYUNO		
ALMUERZO		
CENA		

PLAN DE TRABAJO	EJERCICIO	REPETICIÓN	DURACIÓN	NOTAS

LECTURA	TÍTULO	AUTOR	PÁGINAS

RASTREADOR DE ESTADO DE ÁNIMO

ENTRADA DE AGUA

1L 1L 1L 1L

UN ACTO DE BONDAD QUE HICE HOY:

FECHA: ....

Programa Diario

PROGRAMA DIARIO

6:00   am ....
7:00   am ....
8:00 am ....
9:00 am ....
10:00 am ....
11:00 am ....
12:00 am ....
13:00 pm ....
14:00 pm ....
15:00 pm ....
16:00 pm ....
17:00 pm ....
18:00 pm ....
19:00 pm ....
20:00 pm ....
21:00 pm ....
22:00 pm ....

AFIRMACIÓN

LISTA DE CONTROL DIARIO

○ SIGA UNA DIETA
○ 45 minutos de entrenamiento
○ 4 LITROS DE AGUA
○ 10 PÁGINAS DE LECTURA
○ 5 minutos de ducha fría
○ SIN ALCOHOL Y CHEAT MEAL
○ UN ACTO DE BONDAD

LISTA DE TAREAS

○
○
○
○
○
○
○
○
○
○
○

PLAN DE DIETA		
DESAYUNO		
ALMUERZO		
CENA		

PLAN DE TRABAJO	EJERCICIO	REPETICIÓN	DURACIÓN	NOTAS

LECTURA	TÍTULO	AUTOR	PÁGINAS

RASTREADOR DE ESTADO DE ÁNIMO

ENTRADA DE AGUA

UN ACTO DE BONDAD QUE HICE HOY:

Programa Diario

PROGRAMA DIARIO

6:00 am ....
7:00 am ....
8:00 am ....
9:00 am ....
10:00 am ....
11:00 am ....
12:00 am ....
13:00 pm ....
14:00 pm ....
15:00 pm ....
16:00 pm ....
17:00 pm ....
18:00 pm ....
19:00 pm ....
20:00 pm ....
21:00 pm ....
22:00 pm ....

LISTA DE CONTROL DIARIO

- ○ SIGA UNA DIETA
- ○ 45 minutos de entrenamiento
- ○ 4 LITROS DE AGUA
- ○ 10 PÁGINAS DE LECTURA
- ○ 5 minutos de ducha fría
- ○ SIN ALCOHOL Y CHEAT MEAL
- ○ UN ACTO DE BONDAD

LISTA DE TAREAS

- ○ ....
- ○ ....
- ○ ....
- ○ ....
- ○ ....
- ○ ....
- ○ ....
- ○ ....
- ○ ....
- ○ ....
- ○ ....
- ○ ....
- ○ ....

AFIRMACIÓN

PLAN DE DIETA	DESAYUNO			
	ALMUERZO			
	CENA			

	EJERCICIO	REPETICIÓN	DURACIÓN	NOTAS
PLAN DE TRABAJO				

	TÍTULO	AUTOR	PÁGINAS
LECTURA			

RASTREADOR DE ESTADO DE ÁNIMO

ENTRADA DE AGUA

1L 1L 1L 1L

UN ACTO DE BONDAD QUE HICE HOY:

FECHA: .... # Programa Diario  **DÍA 25**

PROGRAMA DIARIO

6:00   am ....
7:00   am ....
8:00 am ....
9:00 am ....
10:00 am ....
11:00 am ....
12:00 am ....
13:00 pm ....
14:00 pm ....
15:00 pm ....
16:00 pm ....
17:00 pm ....
18:00 pm ....
19:00 pm ....
20:00 pm ....
21:00 pm ....
22:00 pm ....

LISTA DE CONTROL DIARIO

○ SIGA UNA DIETA
○ 45 minutos de entrenamiento
○ 4 LITROS DE AGUA
○ 10 PÁGINAS DE LECTURA
○ 5 minutos de ducha fría
○ SIN ALCOHOL Y CHEAT MEAL
○ UN ACTO DE BONDAD

LISTA DE TAREAS

○ ....
○ ....
○ ....
○ ....
○ ....
○ ....
○ ....
○ ....
○ ....
○ ....
○ ....
○ ....

AFIRMACIÓN

PLAN DE DIETA		
DESAYUNO		
ALMUERZO		
CENA		

PLAN DE TRABAJO	EJERCICIO	REPETICIÓN	DURACIÓN	NOTAS

LECTURA	TÍTULO	AUTOR	PÁGINAS

RASTREADOR DE ESTADO DE ÁNIMO

ENTRADA DE AGUA

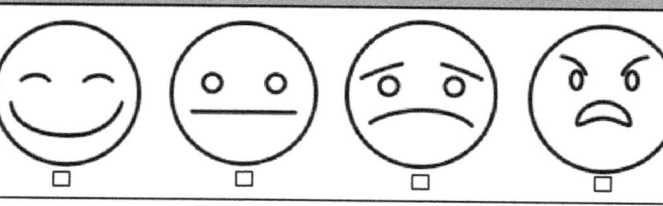

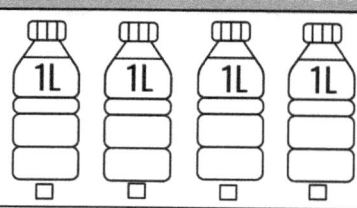

UN ACTO DE BONDAD QUE HICE HOY:

Programa Diario

DÍA 26

PROGRAMA DIARIO

6:00 am ....
7:00 am ....
8:00 am ....
9:00 am ....
10:00 am ....
11:00 am ....
12:00 am ....
13:00 pm ....
14:00 pm ....
15:00 pm ....
16:00 pm ....
17:00 pm ....
18:00 pm ....
19:00 pm ....
20:00 pm ....
21:00 pm ....
22:00 pm ....

LISTA DE CONTROL DIARIO

○ SIGA UNA DIETA
○ 45 minutos de entrenamiento
○ 4 LITROS DE AGUA
○ 10 PÁGINAS DE LECTURA
○ 5 minutos de ducha fría
○ SIN ALCOHOL Y CHEAT MEAL
○ UN ACTO DE BONDAD

LISTA DE TAREAS

○ ....
○ ....
○ ....
○ ....
○ ....
○ ....
○ ....
○ ....
○ ....
○ ....
○ ....
○ ....

AFIRMACIÓN

PLAN DE DIETA		
DESAYUNO		
ALMUERZO		
CENA		

PLAN DE TRABAJO				
EJERCICIO		REPETICIÓN	DURACIÓN	NOTAS

LECTURA			
TÍTULO		AUTOR	PÁGINAS

RASTREADOR DE ESTADO DE ÁNIMO

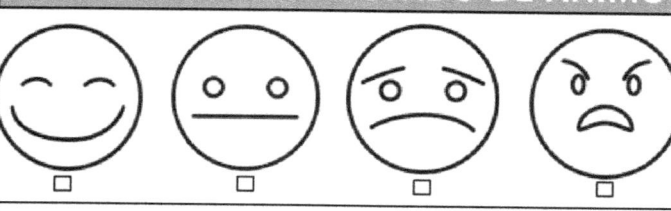

ENTRADA DE AGUA

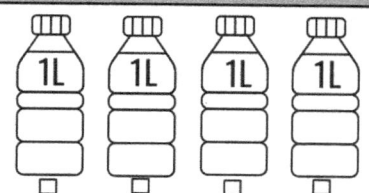

UN ACTO DE BONDAD QUE HICE HOY:

Programa Diario

DÍA 27

PROGRAMA DIARIO

6:00   am
7:00   am
8:00 am
9:00 am
10:00 am
11:00 am
12:00 am
13:00 pm
14:00 pm
15:00 pm
16:00 pm
17:00 pm
18:00 pm
19:00 pm
20:00 pm
21:00 pm
22:00 pm

LISTA DE CONTROL DIARIO

○ SIGA UNA DIETA
○ 45 minutos de entrenamiento
○ 4 LITROS DE AGUA
○ 10 PÁGINAS DE LECTURA
○ 5 minutos de ducha fría
○ SIN ALCOHOL Y CHEAT MEAL
○ UN ACTO DE BONDAD

LISTA DE TAREAS

○
○
○
○
○
○
○
○
○
○
○

AFIRMACIÓN

PLAN DE DIETA		
DESAYUNO		
ALMUERZO		
CENA		

PLAN DE TRABAJO	EJERCICIO	REPETICIÓN	DURACIÓN	NOTAS

LECTURA	TÍTULO	AUTOR	PÁGINAS

RASTREADOR DE ESTADO DE ÁNIMO

ENTRADA DE AGUA

UN ACTO DE BONDAD QUE HICE HOY:

FECHA: ....

Programa Diario

PROGRAMA DIARIO

6:00   am ....
7:00   am ....
8:00 am ....
9:00 am ....
10:00 am ....
11:00 am ....
12:00 am ....
13:00 pm ....
14:00 pm ....
15:00 pm ....
16:00 pm ....
17:00 pm ....
18:00 pm ....
19:00 pm ....
20:00 pm ....
21:00 pm ....
22:00 pm ....

AFIRMACIÓN

LISTA DE CONTROL DIARIO

○ SIGA UNA DIETA
○ 45 minutos de entrenamiento
○ 4 LITROS DE AGUA
○ 10 PÁGINAS DE LECTURA
○ 5 minutos de ducha fría
○ SIN ALCOHOL Y CHEAT MEAL
○ UN ACTO DE BONDAD

LISTA DE TAREAS

○
○
○
○
○
○
○
○
○
○
○
○

PLAN DE DIETA	DESAYUNO		
	ALMUERZO		
	CENA		

PLAN DE TRABAJO	EJERCICIO	REPETICIÓN	DURACIÓN	NOTAS

LECTURA	TÍTULO	AUTOR	PÁGINAS

RASTREADOR DE ESTADO DE ÁNIMO

ENTRADA DE AGUA

1L 1L 1L 1L

UN ACTO DE BONDAD QUE HICE HOY:

Programa Diario

DÍA 29

PROGRAMA DIARIO

6:00 am
7:00 am
8:00 am
9:00 am
10:00 am
11:00 am
12:00 am
13:00 pm
14:00 pm
15:00 pm
16:00 pm
17:00 pm
18:00 pm
19:00 pm
20:00 pm
21:00 pm
22:00 pm

AFIRMACIÓN

LISTA DE CONTROL DIARIO

○ SIGA UNA DIETA
○ 45 minutos de entrenamiento
○ 4 LITROS DE AGUA
○ 10 PÁGINAS DE LECTURA
○ 5 minutos de ducha fría
○ SIN ALCOHOL Y CHEAT MEAL
○ UN ACTO DE BONDAD

LISTA DE TAREAS

○
○
○
○
○
○
○
○
○
○
○

PLAN DE DIETA	DESAYUNO		☕
	ALMUERZO		🍴
	CENA		🕯️

PLAN DE TRABAJO	EJERCICIO	REPETICIÓN	DURACIÓN	NOTAS

LECTURA	TÍTULO	AUTOR	PÁGINAS

RASTREADOR DE ESTADO DE ÁNIMO

ENTRADA DE AGUA

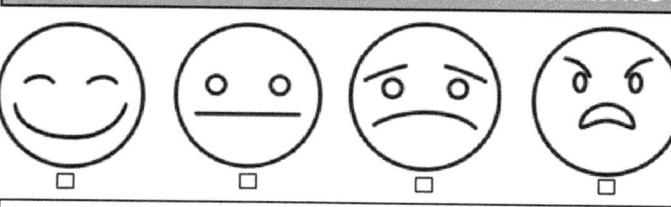

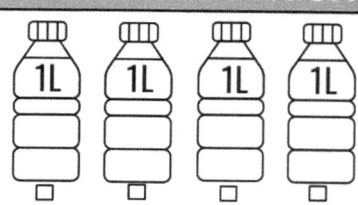

UN ACTO DE BONDAD QUE HICE HOY:

FECHA: .... # Programa Diario  **DÍA 30**

PROGRAMA DIARIO

6:00   am ....
7:00   am ....
8:00 am ....
9:00 am ....
10:00 am ....
11:00 am ....
12:00 am ....
13:00 pm ....
14:00 pm ....
15:00 pm ....
16:00 pm ....
17:00 pm ....
18:00 pm ....
19:00 pm ....
20:00 pm ....
21:00 pm ....
22:00 pm ....

LISTA DE CONTROL DIARIO

○ SIGA UNA DIETA
○ 45 minutos de entrenamiento
○ 4 LITROS DE AGUA
○ 10 PÁGINAS DE LECTURA
○ 5 minutos de ducha fría
○ SIN ALCOHOL Y CHEAT MEAL
○ UN ACTO DE BONDAD

LISTA DE TAREAS

○ ....
○ ....
○ ....
○ ....
○ ....
○ ....
○ ....
○ ....
○ ....
○ ....
○ ....

AFIRMACIÓN

PLAN DE DIETA		
DESAYUNO		
ALMUERZO		
CENA		

PLAN DE TRABAJO	EJERCICIO	REPETICIÓN	DURACIÓN	NOTAS

LECTURA	TÍTULO	AUTOR	PÁGINAS

RASTREADOR DE ESTADO DE ÁNIMO

ENTRADA DE AGUA

UN ACTO DE BONDAD QUE HICE HOY:

FECHA: ....

Programa Diario

 **DÍA 31**

PROGRAMA DIARIO

6:00   am ....
7:00   am ....
8:00 am ....
9:00 am ....
10:00 am ....
11:00 am ....
12:00 am ....
13:00 pm ....
14:00 pm ....
15:00 pm ....
16:00 pm ....
17:00 pm ....
18:00 pm ....
19:00 pm ....
20:00 pm ....
21:00 pm ....
22:00 pm ....

AFIRMACIÓN

LISTA DE CONTROL DIARIO

○ SIGA UNA DIETA
○ 45 minutos de entrenamiento
○ 4 LITROS DE AGUA
○ 10 PÁGINAS DE LECTURA
○ 5 minutos de ducha fría
○ SIN ALCOHOL Y CHEAT MEAL
○ UN ACTO DE BONDAD

LISTA DE TAREAS

○ ....
○ ....
○ ....
○ ....
○ ....
○ ....
○ ....
○ ....
○ ....
○ ....
○ ....

PLAN DE DIETA		
DESAYUNO		☕
ALMUERZO		🍴
CENA		🕯️

PLAN DE TRABAJO				
EJERCICIO		REPETICIÓN	DURACIÓN	NOTAS

LECTURA			
TÍTULO		AUTOR	PÁGINAS

RASTREADOR DE ESTADO DE ÁNIMO

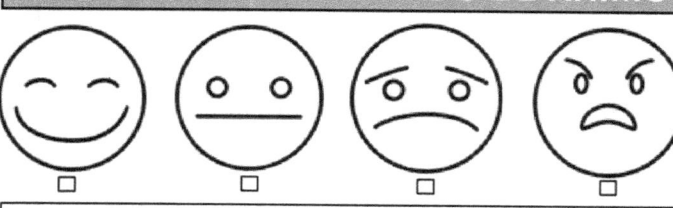

ENTRADA DE AGUA

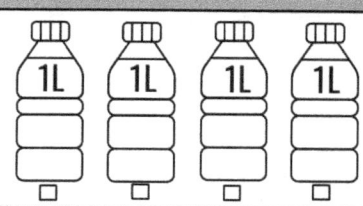

UN ACTO DE BONDAD QUE HICE HOY:

Programa Diario

DÍA 32

PROGRAMA DIARIO

6:00   am ....
7:00   am ....
8:00 am ....
9:00 am ....
10:00 am ....
11:00 am ....
12:00 am ....
13:00 pm ....
14:00 pm ....
15:00 pm ....
16:00 pm ....
17:00 pm ....
18:00 pm ....
19:00 pm ....
20:00 pm ....
21:00 pm ....
22:00 pm ....

LISTA DE CONTROL DIARIO

○ SIGA UNA DIETA
○ 45 minutos de entrenamiento
○ 4 LITROS DE AGUA
○ 10 PÁGINAS DE LECTURA
○ 5 minutos de ducha fría
○ SIN ALCOHOL Y CHEAT MEAL
○ UN ACTO DE BONDAD

LISTA DE TAREAS

○
○
○
○
○
○
○
○
○
○
○

AFIRMACIÓN

PLAN DE DIETA		
DESAYUNO		
ALMUERZO		
CENA		

PLAN DE TRABAJO	EJERCICIO	REPETICIÓN	DURACIÓN	NOTAS

LECTURA	TÍTULO	AUTOR	PÁGINAS

RASTREADOR DE ESTADO DE ÁNIMO

ENTRADA DE AGUA

1L 1L 1L 1L

UN ACTO DE BONDAD QUE HICE HOY:

Programa Diario

PROGRAMA DIARIO

6:00 am
7:00 am
8:00 am
9:00 am
10:00 am
11:00 am
12:00 am
13:00 pm
14:00 pm
15:00 pm
16:00 pm
17:00 pm
18:00 pm
19:00 pm
20:00 pm
21:00 pm
22:00 pm

LISTA DE CONTROL DIARIO

○ SIGA UNA DIETA
○ 45 minutos de entrenamiento
○ 4 LITROS DE AGUA
○ 10 PÁGINAS DE LECTURA
○ 5 minutos de ducha fría
○ SIN ALCOHOL Y CHEAT MEAL
○ UN ACTO DE BONDAD

LISTA DE TAREAS

○
○
○
○
○
○
○
○
○
○
○
○

AFIRMACIÓN

PLAN DE DIETA		
DESAYUNO		
ALMUERZO		
CENA		

PLAN DE TRABAJO	EJERCICIO	REPETICIÓN	DURACIÓN	NOTAS

LECTURA	TÍTULO	AUTOR	PÁGINAS

RASTREADOR DE ESTADO DE ÁNIMO

ENTRADA DE AGUA

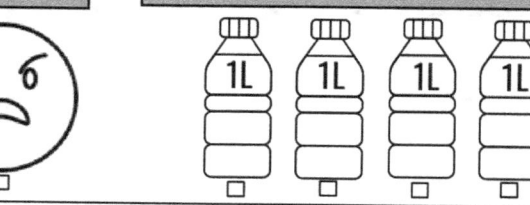

UN ACTO DE BONDAD QUE HICE HOY:

Programa Diario

PROGRAMA DIARIO

6:00 am	....
7:00 am	....
8:00 am	....
9:00 am	....
10:00 am	....
11:00 am	....
12:00 am	....
13:00 pm	....
14:00 pm	....
15:00 pm	....
16:00 pm	....
17:00 pm	....
18:00 pm	....
19:00 pm	....
20:00 pm	....
21:00 pm	....
22:00 pm	....

LISTA DE CONTROL DIARIO

○ SIGA UNA DIETA
○ 45 minutos de entrenamiento
○ 4 LITROS DE AGUA
○ 10 PÁGINAS DE LECTURA
○ 5 minutos de ducha fría
○ SIN ALCOHOL Y CHEAT MEAL
○ UN ACTO DE BONDAD

LISTA DE TAREAS

○
○
○
○
○
○
○
○
○
○
○
○

AFIRMACIÓN

PLAN DE DIETA		
DESAYUNO		
ALMUERZO		
CENA		

PLAN DE TRABAJO	EJERCICIO	REPETICIÓN	DURACIÓN	NOTAS

LECTURA	TÍTULO	AUTOR	PÁGINAS

RASTREADOR DE ESTADO DE ÁNIMO

ENTRADA DE AGUA

1L 1L 1L 1L

UN ACTO DE BONDAD QUE HICE HOY:

Programa Diario

PROGRAMA DIARIO

6:00   am ....
7:00   am ....
8:00 am ....
9:00 am ....
10:00 am ....
11:00 am ....
12:00 am ....
13:00 pm ....
14:00 pm ....
15:00 pm ....
16:00 pm ....
17:00 pm ....
18:00 pm ....
19:00 pm ....
20:00 pm ....
21:00 pm ....
22:00 pm ....

LISTA DE CONTROL DIARIO

○ SIGA UNA DIETA
○ 45 minutos de entrenamiento
○ 4 LITROS DE AGUA
○ 10 PÁGINAS DE LECTURA
○ 5 minutos de ducha fría
○ SIN ALCOHOL Y CHEAT MEAL
○ UN ACTO DE BONDAD

LISTA DE TAREAS

○ ....
○ ....
○ ....
○ ....
○ ....
○ ....
○ ....
○ ....
○ ....
○ ....
○ ....
○ ....

AFIRMACIÓN

PLAN DE DIETA		
DESAYUNO		
ALMUERZO		
CENA		

PLAN DE TRABAJO	EJERCICIO	REPETICIÓN	DURACIÓN	NOTAS

LECTURA	TÍTULO	AUTOR	PÁGINAS

RASTREADOR DE ESTADO DE ÁNIMO

ENTRADA DE AGUA

1L 1L 1L 1L

UN ACTO DE BONDAD QUE HICE HOY:

FECHA: ....

Programa Diario

DÍA 36

PROGRAMA DIARIO

6:00   am ....
7:00   am ....
8:00 am ....
9:00 am ....
10:00 am ....
11:00 am ....
12:00 am ....
13:00 pm ....
14:00 pm ....
15:00 pm ....
16:00 pm ....
17:00 pm ....
18:00 pm ....
19:00 pm ....
20:00 pm ....
21:00 pm ....
22:00 pm ....

LISTA DE CONTROL DIARIO

○ SIGA UNA DIETA
○ 45 minutos de entrenamiento
○ 4 LITROS DE AGUA
○ 10 PÁGINAS DE LECTURA
○ 5 minutos de ducha fría
○ SIN ALCOHOL Y CHEAT MEAL
○ UN ACTO DE BONDAD

LISTA DE TAREAS

○ ....
○ ....
○ ....
○ ....
○ ....
○ ....
○ ....
○ ....
○ ....
○ ....
○ ....
○ ....

AFIRMACIÓN

PLAN DE DIETA		
DESAYUNO		
ALMUERZO		
CENA		

PLAN DE TRABAJO	EJERCICIO	REPETICIÓN	DURACIÓN	NOTAS

LECTURA	TÍTULO	AUTOR	PÁGINAS

RASTREADOR DE ESTADO DE ÁNIMO

ENTRADA DE AGUA

1L   1L   1L   1L

UN ACTO DE BONDAD QUE HICE HOY:

FECHA: ....

Programa Diario

PROGRAMA DIARIO

6:00   am ....
7:00   am ....
8:00 am ....
9:00 am ....
10:00 am ....
11:00 am ....
12:00 am ....
13:00 pm ....
14:00 pm ....
15:00 pm ....
16:00 pm ....
17:00 pm ....
18:00 pm ....
19:00 pm ....
20:00 pm ....
21:00 pm ....
22:00 pm ....

AFIRMACIÓN

LISTA DE CONTROL DIARIO

○ SIGA UNA DIETA
○ 45 minutos de entrenamiento
○ 4 LITROS DE AGUA
○ 10 PÁGINAS DE LECTURA
○ 5 minutos de ducha fría
○ SIN ALCOHOL Y CHEAT MEAL
○ UN ACTO DE BONDAD

LISTA DE TAREAS

○ ....
○ ....
○ ....
○ ....
○ ....
○ ....
○ ....
○ ....
○ ....
○ ....
○ ....

PLAN DE DIETA		
DESAYUNO		
ALMUERZO		
CENA		

PLAN DE TRABAJO	EJERCICIO	REPETICIÓN	DURACIÓN	NOTAS

LECTURA	TÍTULO	AUTOR	PÁGINAS

RASTREADOR DE ESTADO DE ÁNIMO

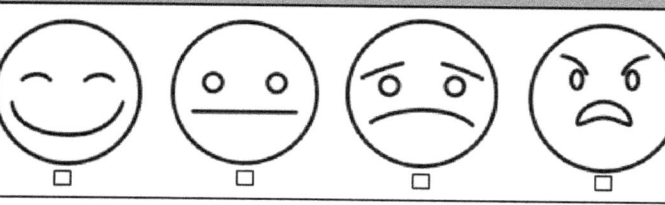

ENTRADA DE AGUA

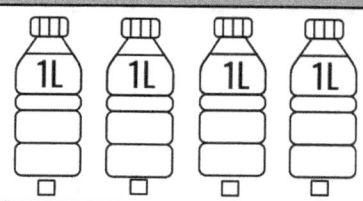

UN ACTO DE BONDAD QUE HICE HOY:

FECHA: ....

Programa Diario

PROGRAMA DIARIO

6:00 am ....
7:00 am ....
8:00 am ....
9:00 am ....
10:00 am ....
11:00 am ....
12:00 am ....
13:00 pm ....
14:00 pm ....
15:00 pm ....
16:00 pm ....
17:00 pm ....
18:00 pm ....
19:00 pm ....
20:00 pm ....
21:00 pm ....
22:00 pm ....

AFIRMACIÓN

LISTA DE CONTROL DIARIO

- ○ SIGA UNA DIETA
- ○ 45 minutos de entrenamiento
- ○ 4 LITROS DE AGUA
- ○ 10 PÁGINAS DE LECTURA
- ○ 5 minutos de ducha fría
- ○ SIN ALCOHOL Y CHEAT MEAL
- ○ UN ACTO DE BONDAD

LISTA DE TAREAS

- ○ ....
- ○ ....
- ○ ....
- ○ ....
- ○ ....
- ○ ....
- ○ ....
- ○ ....
- ○ ....
- ○ ....
- ○ ....

PLAN DE DIETA		
DESAYUNO		
ALMUERZO		
CENA		

PLAN DE TRABAJO	EJERCICIO	REPETICIÓN	DURACIÓN	NOTAS

LECTURA	TÍTULO	AUTOR	PÁGINAS

RASTREADOR DE ESTADO DE ÁNIMO

☺ ☐ 😐 ☐ 🙁 ☐ 😠 ☐

ENTRADA DE AGUA

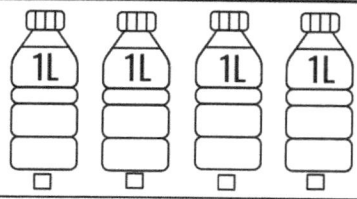

UN ACTO DE BONDAD QUE HICE HOY:

Programa Diario

DÍA 39

PROGRAMA DIARIO

6:00   am ....
7:00   am ....
8:00 am ....
9:00 am ....
10:00 am ....
11:00 am ....
12:00 am ....
13:00 pm ....
14:00 pm ....
15:00 pm ....
16:00 pm ....
17:00 pm ....
18:00 pm ....
19:00 pm ....
20:00 pm ....
21:00 pm ....
22:00 pm ....

AFIRMACIÓN

LISTA DE CONTROL DIARIO

○ SIGA UNA DIETA
○ 45 minutos de entrenamiento
○ 4 LITROS DE AGUA
○ 10 PÁGINAS DE LECTURA
○ 5 minutos de ducha fría
○ SIN ALCOHOL Y CHEAT MEAL
○ UN ACTO DE BONDAD

LISTA DE TAREAS

○ ....
○ ....
○ ....
○ ....
○ ....
○ ....
○ ....
○ ....
○ ....
○ ....
○ ....

PLAN DE DIETA		
DESAYUNO		
ALMUERZO		
CENA		

PLAN DE TRABAJO	EJERCICIO	REPETICIÓN	DURACIÓN	NOTAS

LECTURA	TÍTULO	AUTOR	PÁGINAS

RASTREADOR DE ESTADO DE ÁNIMO

ENTRADA DE AGUA

1L 1L 1L 1L

UN ACTO DE BONDAD QUE HICE HOY:

FECHA: ....

Programa Diario

 **DÍA 40**

PROGRAMA DIARIO

6:00 am ....
7:00 am ....
8:00 am ....
9:00 am ....
10:00 am ....
11:00 am ....
12:00 am ....
13:00 pm ....
14:00 pm ....
15:00 pm ....
16:00 pm ....
17:00 pm ....
18:00 pm ....
19:00 pm ....
20:00 pm ....
21:00 pm ....
22:00 pm ....

AFIRMACIÓN

LISTA DE CONTROL DIARIO

○ SIGA UNA DIETA
○ 45 minutos de entrenamiento
○ 4 LITROS DE AGUA
○ 10 PÁGINAS DE LECTURA
○ 5 minutos de ducha fría
○ SIN ALCOHOL Y CHEAT MEAL
○ UN ACTO DE BONDAD

LISTA DE TAREAS

○
○
○
○
○
○
○
○
○
○
○

PLAN DE DIETA		
DESAYUNO		
ALMUERZO		
CENA		

PLAN DE TRABAJO	EJERCICIO	REPETICIÓN	DURACIÓN	NOTAS

LECTURA	TÍTULO	AUTOR	PÁGINAS

RASTREADOR DE ESTADO DE ÁNIMO

ENTRADA DE AGUA

1L 1L 1L 1L

UN ACTO DE BONDAD QUE HICE HOY:

Programa Diario

DÍA 41

PROGRAMA DIARIO

6:00 am ....
7:00 am ....
8:00 am ....
9:00 am ....
10:00 am ....
11:00 am ....
12:00 am ....
13:00 pm ....
14:00 pm ....
15:00 pm ....
16:00 pm ....
17:00 pm ....
18:00 pm ....
19:00 pm ....
20:00 pm ....
21:00 pm ....
22:00 pm ....

LISTA DE CONTROL DIARIO

○ SIGA UNA DIETA
○ 45 minutos de entrenamiento
○ 4 LITROS DE AGUA
○ 10 PÁGINAS DE LECTURA
○ 5 minutos de ducha fría
○ SIN ALCOHOL Y CHEAT MEAL
○ UN ACTO DE BONDAD

LISTA DE TAREAS

○ ....
○ ....
○ ....
○ ....
○ ....
○ ....
○ ....
○ ....
○ ....
○ ....
○ ....

AFIRMACIÓN

PLAN DE DIETA		
DESAYUNO		
ALMUERZO		
CENA		

PLAN DE TRABAJO	EJERCICIO	REPETICIÓN	DURACIÓN	NOTAS

LECTURA	TÍTULO	AUTOR	PÁGINAS

RASTREADOR DE ESTADO DE ÁNIMO

ENTRADA DE AGUA

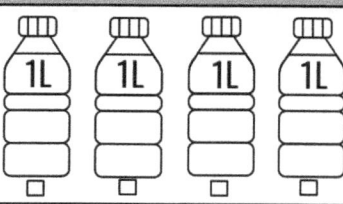

UN ACTO DE BONDAD QUE HICE HOY:

FECHA: ....

Programa Diario

 **DÍA 42**

PROGRAMA DIARIO

6:00   am ....
7:00   am ....
8:00 am ....
9:00 am ....
10:00 am ....
11:00 am ....
12:00 am ....
13:00 pm ....
14:00 pm ....
15:00 pm ....
16:00 pm ....
17:00 pm ....
18:00 pm ....
19:00 pm ....
20:00 pm ....
21:00 pm ....
22:00 pm ....

AFIRMACIÓN

LISTA DE CONTROL DIARIO

○ SIGA UNA DIETA
○ 45 minutos de entrenamiento
○ 4 LITROS DE AGUA
○ 10 PÁGINAS DE LECTURA
○ 5 minutos de ducha fría
○ SIN ALCOHOL Y CHEAT MEAL
○ UN ACTO DE BONDAD

LISTA DE TAREAS

○ ....
○ ....
○ ....
○ ....
○ ....
○ ....
○ ....
○ ....
○ ....
○ ....
○ ....
○ ....

PLAN DE DIETA		
DESAYUNO		
ALMUERZO		
CENA		

PLAN DE TRABAJO	EJERCICIO	REPETICIÓN	DURACIÓN	NOTAS

LECTURA	TÍTULO	AUTOR	PÁGINAS

RASTREADOR DE ESTADO DE ÁNIMO

 ☐  ☐  ☐  ☐

ENTRADA DE AGUA

1L ☐ 1L ☐ 1L ☐ 1L ☐

UN ACTO DE BONDAD QUE HICE HOY:

FECHA: ....

Programa Diario

 **DÍA 43**

PROGRAMA DIARIO

6:00 am ....
7:00 am ....
8:00 am ....
9:00 am ....
10:00 am ....
11:00 am ....
12:00 am ....
13:00 pm ....
14:00 pm ....
15:00 pm ....
16:00 pm ....
17:00 pm ....
18:00 pm ....
19:00 pm ....
20:00 pm ....
21:00 pm ....
22:00 pm ....

LISTA DE CONTROL DIARIO

○ SIGA UNA DIETA
○ 45 minutos de entrenamiento
○ 4 LITROS DE AGUA
○ 10 PÁGINAS DE LECTURA
○ 5 minutos de ducha fría
○ SIN ALCOHOL Y CHEAT MEAL
○ UN ACTO DE BONDAD

LISTA DE TAREAS

○
○
○
○
○
○
○
○
○
○
○

AFIRMACIÓN

PLAN DE DIETA		
DESAYUNO		
ALMUERZO		
CENA		

PLAN DE TRABAJO				
EJERCICIO		REPETICIÓN	DURACIÓN	NOTAS

LECTURA			
TÍTULO		AUTOR	PÁGINAS

RASTREADOR DE ESTADO DE ÁNIMO

ENTRADA DE AGUA

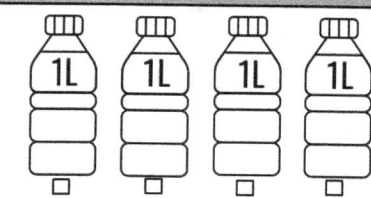

UN ACTO DE BONDAD QUE HICE HOY:

Programa Diario

 **DÍA 44**

PROGRAMA DIARIO

6:00 am	
7:00 am	
8:00 am	
9:00 am	
10:00 am	
11:00 am	
12:00 am	
13:00 pm	
14:00 pm	
15:00 pm	
16:00 pm	
17:00 pm	
18:00 pm	
19:00 pm	
20:00 pm	
21:00 pm	
22:00 pm	

LISTA DE CONTROL DIARIO

○ SIGA UNA DIETA
○ 45 minutos de entrenamiento
○ 4 LITROS DE AGUA
○ 10 PÁGINAS DE LECTURA
○ 5 minutos de ducha fría
○ SIN ALCOHOL Y CHEAT MEAL
○ UN ACTO DE BONDAD

LISTA DE TAREAS

○
○
○
○
○
○
○
○
○
○
○

AFIRMACIÓN

PLAN DE DIETA		
DESAYUNO		
ALMUERZO		
CENA		

PLAN DE TRABAJO	EJERCICIO	REPETICIÓN	DURACIÓN	NOTAS

LECTURA	TÍTULO	AUTOR	PÁGINAS

RASTREADOR DE ESTADO DE ÁNIMO

ENTRADA DE AGUA

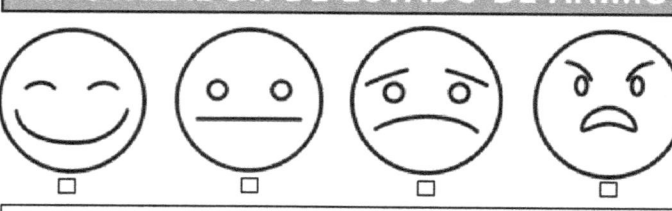

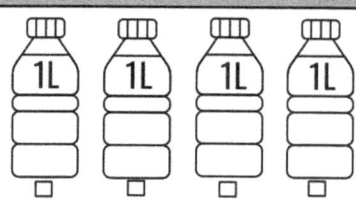

UN ACTO DE BONDAD QUE HICE HOY:

Programa Diario

PROGRAMA DIARIO

6:00   am ....
7:00   am ....
8:00 am ....
9:00 am ....
10:00 am ....
11:00 am ....
12:00 am ....
13:00 pm ....
14:00 pm ....
15:00 pm ....
16:00 pm ....
17:00 pm ....
18:00 pm ....
19:00 pm ....
20:00 pm ....
21:00 pm ....
22:00 pm ....

LISTA DE CONTROL DIARIO

○ SIGA UNA DIETA
○ 45 minutos de entrenamiento
○ 4 LITROS DE AGUA
○ 10 PÁGINAS DE LECTURA
○ 5 minutos de ducha fría
○ SIN ALCOHOL Y CHEAT MEAL
○ UN ACTO DE BONDAD

LISTA DE TAREAS

○ ....
○ ....
○ ....
○ ....
○ ....
○ ....
○ ....
○ ....
○ ....
○ ....
○ ....

AFIRMACIÓN

PLAN DE DIETA		
DESAYUNO		
ALMUERZO		
CENA		

PLAN DE TRABAJO	EJERCICIO	REPETICIÓN	DURACIÓN	NOTAS

LECTURA	TÍTULO	AUTOR	PÁGINAS

RASTREADOR DE ESTADO DE ÁNIMO

ENTRADA DE AGUA

1L 1L 1L 1L

UN ACTO DE BONDAD QUE HICE HOY:

FECHA: ....

Programa Diario

DÍA 46

PROGRAMA DIARIO

6:00   am ....
7:00   am ....
8:00 am ....
9:00 am ....
10:00 am ....
11:00 am ....
12:00 am ....
13:00 pm ....
14:00 pm ....
15:00 pm ....
16:00 pm ....
17:00 pm ....
18:00 pm ....
19:00 pm ....
20:00 pm ....
21:00 pm ....
22:00 pm ....

AFIRMACIÓN

LISTA DE CONTROL DIARIO

○ SIGA UNA DIETA
○ 45 minutos de entrenamiento
○ 4 LITROS DE AGUA
○ 10 PÁGINAS DE LECTURA
○ 5 minutos de ducha fría
○ SIN ALCOHOL Y CHEAT MEAL
○ UN ACTO DE BONDAD

LISTA DE TAREAS

○ ....
○ ....
○ ....
○ ....
○ ....
○ ....
○ ....
○ ....
○ ....
○ ....
○ ....
○ ....

PLAN DE DIETA		
DESAYUNO		
ALMUERZO		
CENA		

PLAN DE TRABAJO	EJERCICIO	REPETICIÓN	DURACIÓN	NOTAS

LECTURA	TÍTULO	AUTOR	PÁGINAS

RASTREADOR DE ESTADO DE ÁNIMO

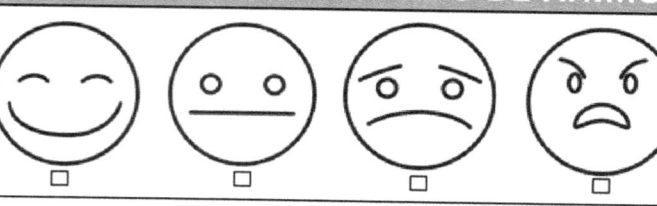

ENTRADA DE AGUA

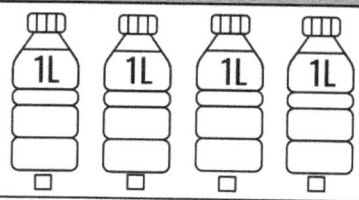

UN ACTO DE BONDAD QUE HICE HOY:

Programa Diario

DÍA 47

FECHA:

PROGRAMA DIARIO

6:00 am
7:00 am
8:00 am
9:00 am
10:00 am
11:00 am
12:00 am
13:00 pm
14:00 pm
15:00 pm
16:00 pm
17:00 pm
18:00 pm
19:00 pm
20:00 pm
21:00 pm
22:00 pm

LISTA DE CONTROL DIARIO

- ○ SIGA UNA DIETA
- ○ 45 minutos de entrenamiento
- ○ 4 LITROS DE AGUA
- ○ 10 PÁGINAS DE LECTURA
- ○ 5 minutos de ducha fría
- ○ SIN ALCOHOL Y CHEAT MEAL
- ○ UN ACTO DE BONDAD

LISTA DE TAREAS

- ○
- ○
- ○
- ○
- ○
- ○
- ○
- ○
- ○
- ○
- ○

AFIRMACIÓN

PLAN DE DIETA		
DESAYUNO		
ALMUERZO		
CENA		

PLAN DE TRABAJO	EJERCICIO	REPETICIÓN	DURACIÓN	NOTAS

LECTURA	TÍTULO	AUTOR	PÁGINAS

RASTREADOR DE ESTADO DE ÁNIMO

ENTRADA DE AGUA

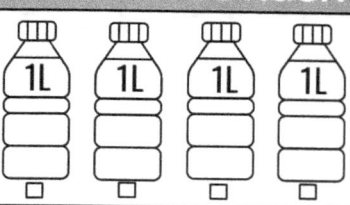

UN ACTO DE BONDAD QUE HICE HOY:

FECHA: .... # Programa Diario  **DÍA 48**

PROGRAMA DIARIO

6:00 am ....
7:00 am ....
8:00 am ....
9:00 am ....
10:00 am ....
11:00 am ....
12:00 am ....
13:00 pm ....
14:00 pm ....
15:00 pm ....
16:00 pm ....
17:00 pm ....
18:00 pm ....
19:00 pm ....
20:00 pm ....
21:00 pm ....
22:00 pm ....

AFIRMACIÓN

LISTA DE CONTROL DIARIO

- ○ SIGA UNA DIETA
- ○ 45 minutos de entrenamiento
- ○ 4 LITROS DE AGUA
- ○ 10 PÁGINAS DE LECTURA
- ○ 5 minutos de ducha fría
- ○ SIN ALCOHOL Y CHEAT MEAL
- ○ UN ACTO DE BONDAD

LISTA DE TAREAS

- ○
- ○
- ○
- ○
- ○
- ○
- ○
- ○
- ○
- ○
- ○

8

PLAN DE DIETA		
DESAYUNO		
ALMUERZO		
CENA		

PLAN DE TRABAJO	EJERCICIO	REPETICIÓN	DURACIÓN	NOTAS

LECTURA	TÍTULO	AUTOR	PÁGINAS

RASTREADOR DE ESTADO DE ÁNIMO

ENTRADA DE AGUA

1L 1L 1L 1L

UN ACTO DE BONDAD QUE HICE HOY:

FECHA: ....

Programa Diario

 **DÍA 49**

PROGRAMA DIARIO

6:00 am ....
7:00 am ....
8:00 am ....
9:00 am ....
10:00 am ....
11:00 am ....
12:00 am ....
13:00 pm ....
14:00 pm ....
15:00 pm ....
16:00 pm ....
17:00 pm ....
18:00 pm ....
19:00 pm ....
20:00 pm ....
21:00 pm ....
22:00 pm ....

AFIRMACIÓN

LISTA DE CONTROL DIARIO

○ SIGA UNA DIETA
○ 45 minutos de entrenamiento
○ 4 LITROS DE AGUA
○ 10 PÁGINAS DE LECTURA
○ 5 minutos de ducha fría
○ SIN ALCOHOL Y CHEAT MEAL
○ UN ACTO DE BONDAD

LISTA DE TAREAS

○ ....
○ ....
○ ....
○ ....
○ ....
○ ....
○ ....
○ ....
○ ....
○ ....
○ ....

PLAN DE DIETA		
DESAYUNO		
ALMUERZO		
CENA		

PLAN DE TRABAJO				
EJERCICIO		REPETICIÓN	DURACIÓN	NOTAS

LECTURA			
TÍTULO		AUTOR	PÁGINAS

RASTREADOR DE ESTADO DE ÁNIMO

ENTRADA DE AGUA

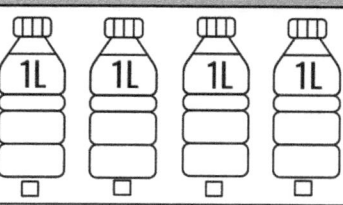

UN ACTO DE BONDAD QUE HICE HOY:

FECHA: ....

Programa Diario

 **DÍA 50**

PROGRAMA DIARIO

6:00   am ....
7:00   am ....
8:00 am ....
9:00 am ....
10:00 am ....
11:00 am ....
12:00 am ....
13:00 pm ....
14:00 pm ....
15:00 pm ....
16:00 pm ....
17:00 pm ....
18:00 pm ....
19:00 pm ....
20:00 pm ....
21:00 pm ....
22:00 pm ....

LISTA DE CONTROL DIARIO

○ SIGA UNA DIETA
○ 45 minutos de entrenamiento
○ 4 LITROS DE AGUA
○ 10 PÁGINAS DE LECTURA
○ 5 minutos de ducha fría
○ SIN ALCOHOL Y CHEAT MEAL
○ UN ACTO DE BONDAD

LISTA DE TAREAS

○ ....
○ ....
○ ....
○ ....
○ ....
○ ....
○ ....
○ ....
○ ....
○ ....
○ ....

AFIRMACIÓN

8

PLAN DE DIETA		
DESAYUNO		
ALMUERZO		
CENA		

PLAN DE TRABAJO				
EJERCICIO		REPETICIÓN	DURACIÓN	NOTAS

LECTURA			
TÍTULO		AUTOR	PÁGINAS

RASTREADOR DE ESTADO DE ÁNIMO

ENTRADA DE AGUA

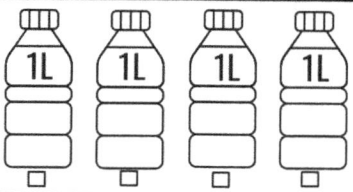

UN ACTO DE BONDAD QUE HICE HOY:

FECHA: .... # Programa Diario

DÍA 51

PROGRAMA DIARIO

6:00 am ....
7:00 am ....
8:00 am ....
9:00 am ....
10:00 am ....
11:00 am ....
12:00 am ....
13:00 pm ....
14:00 pm ....
15:00 pm ....
16:00 pm ....
17:00 pm ....
18:00 pm ....
19:00 pm ....
20:00 pm ....
21:00 pm ....
22:00 pm ....

LISTA DE CONTROL DIARIO

○ SIGA UNA DIETA
○ 45 minutos de entrenamiento
○ 4 LITROS DE AGUA
○ 10 PÁGINAS DE LECTURA
○ 5 minutos de ducha fría
○ SIN ALCOHOL Y CHEAT MEAL
○ UN ACTO DE BONDAD

LISTA DE TAREAS

○ ....
○ ....
○ ....
○ ....
○ ....
○ ....
○ ....
○ ....
○ ....
○ ....
○ ....

AFIRMACIÓN

PLAN DE DIETA		
DESAYUNO		
ALMUERZO		
CENA		

PLAN DE TRABAJO	EJERCICIO	REPETICIÓN	DURACIÓN	NOTAS

LECTURA	TÍTULO	AUTOR	PÁGINAS

RASTREADOR DE ESTADO DE ÁNIMO

ENTRADA DE AGUA

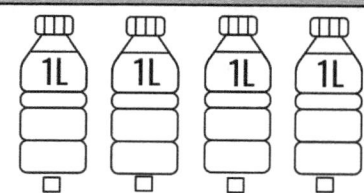

UN ACTO DE BONDAD QUE HICE HOY:

FECHA: ....

Programa Diario

 **DÍA 52**

PROGRAMA DIARIO

6:00   am ....
7:00   am ....
8:00 am ....
9:00 am ....
10:00 am ....
11:00 am ....
12:00 am ....
13:00 pm ....
14:00 pm ....
15:00 pm ....
16:00 pm ....
17:00 pm ....
18:00 pm ....
19:00 pm ....
20:00 pm ....
21:00 pm ....
22:00 pm ....

LISTA DE CONTROL DIARIO

○ SIGA UNA DIETA
○ 45 minutos de entrenamiento
○ 4 LITROS DE AGUA
○ 10 PÁGINAS DE LECTURA
○ 5 minutos de ducha fría
○ SIN ALCOHOL Y CHEAT MEAL
○ UN ACTO DE BONDAD

LISTA DE TAREAS

○ ....
○ ....
○ ....
○ ....
○ ....
○ ....
○ ....
○ ....
○ ....
○ ....
○ ....
○ ....

AFIRMACIÓN

PLAN DE DIETA		
DESAYUNO		
ALMUERZO		
CENA		

PLAN DE TRABAJO	EJERCICIO	REPETICIÓN	DURACIÓN	NOTAS

LECTURA	TÍTULO	AUTOR	PÁGINAS

RASTREADOR DE ESTADO DE ÁNIMO

ENTRADA DE AGUA

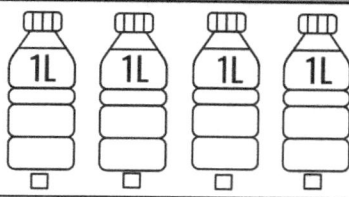

UN ACTO DE BONDAD QUE HICE HOY:

Programa Diario

DÍA 53

PROGRAMA DIARIO

6:00 am ....
7:00 am ....
8:00 am ....
9:00 am ....
10:00 am ....
11:00 am ....
12:00 am ....
13:00 pm ....
14:00 pm ....
15:00 pm ....
16:00 pm ....
17:00 pm ....
18:00 pm ....
19:00 pm ....
20:00 pm ....
21:00 pm ....
22:00 pm ....

LISTA DE CONTROL DIARIO

○ SIGA UNA DIETA
○ 45 minutos de entrenamiento
○ 4 LITROS DE AGUA
○ 10 PÁGINAS DE LECTURA
○ 5 minutos de ducha fría
○ SIN ALCOHOL Y CHEAT MEAL
○ UN ACTO DE BONDAD

LISTA DE TAREAS

○ ....
○ ....
○ ....
○ ....
○ ....
○ ....
○ ....
○ ....
○ ....
○ ....
○ ....

AFIRMACIÓN

....
....
....
....
....

PLAN DE DIETA		
DESAYUNO		
ALMUERZO		
CENA		

PLAN DE TRABAJO				
EJERCICIO		REPETICIÓN	DURACIÓN	NOTAS

LECTURA			
TÍTULO		AUTOR	PÁGINAS

RASTREADOR DE ESTADO DE ÁNIMO

ENTRADA DE AGUA

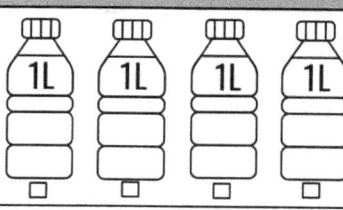

UN ACTO DE BONDAD QUE HICE HOY:

FECHA: ....

Programa Diario

 **DÍA 54**

PROGRAMA DIARIO

6:00   am ....
7:00   am ....
8:00 am ....
9:00 am ....
10:00 am ....
11:00 am ....
12:00 am ....
13:00 pm ....
14:00 pm ....
15:00 pm ....
16:00 pm ....
17:00 pm ....
18:00 pm ....
19:00 pm ....
20:00 pm ....
21:00 pm ....
22:00 pm ....

AFIRMACIÓN

LISTA DE CONTROL DIARIO

○ SIGA UNA DIETA
○ 45 minutos de entrenamiento
○ 4 LITROS DE AGUA
○ 10 PÁGINAS DE LECTURA
○ 5 minutos de ducha fría
○ SIN ALCOHOL Y CHEAT MEAL
○ UN ACTO DE BONDAD

LISTA DE TAREAS

○ ....
○ ....
○ ....
○ ....
○ ....
○ ....
○ ....
○ ....
○ ....
○ ....
○ ....
○ ....

PLAN DE DIETA		
DESAYUNO		
ALMUERZO		
CENA		

PLAN DE TRABAJO	EJERCICIO	REPETICIÓN	DURACIÓN	NOTAS

LECTURA	TÍTULO	AUTOR	PÁGINAS

RASTREADOR DE ESTADO DE ÁNIMO

ENTRADA DE AGUA

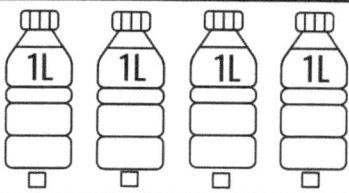

UN ACTO DE BONDAD QUE HICE HOY:

Programa Diario

DÍA 55

PROGRAMA DIARIO

6:00 am ....

7:00 am ....

8:00 am ....

9:00 am ....

10:00 am ....

11:00 am ....

12:00 am ....

13:00 pm ....

14:00 pm ....

15:00 pm ....

16:00 pm ....

17:00 pm ....

18:00 pm ....

19:00 pm ....

20:00 pm ....

21:00 pm ....

22:00 pm ....

LISTA DE CONTROL DIARIO

- ○ SIGA UNA DIETA
- ○ 45 minutos de entrenamiento
- ○ 4 LITROS DE AGUA
- ○ 10 PÁGINAS DE LECTURA
- ○ 5 minutos de ducha fría
- ○ SIN ALCOHOL Y CHEAT MEAL
- ○ UN ACTO DE BONDAD

LISTA DE TAREAS

- ○
- ○
- ○
- ○
- ○
- ○
- ○
- ○
- ○
- ○
- ○

AFIRMACIÓN

PLAN DE DIETA		
DESAYUNO		
ALMUERZO		
CENA		

PLAN DE TRABAJO

EJERCICIO	REPETICIÓN	DURACIÓN	NOTAS

LECTURA

TÍTULO	AUTOR	PÁGINAS

RASTREADOR DE ESTADO DE ÁNIMO

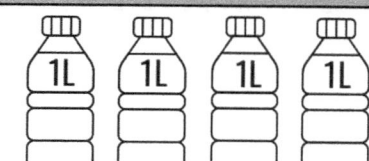

ENTRADA DE AGUA

1L 1L 1L 1L

UN ACTO DE BONDAD QUE HICE HOY:

FECHA: ....

Programa Diario

 **DÍA 56**

PROGRAMA DIARIO

6:00 am	
7:00 am	
8:00 am	
9:00 am	
10:00 am	
11:00 am	
12:00 am	
13:00 pm	
14:00 pm	
15:00 pm	
16:00 pm	
17:00 pm	
18:00 pm	
19:00 pm	
20:00 pm	
21:00 pm	
22:00 pm	

LISTA DE CONTROL DIARIO

○ SIGA UNA DIETA
○ 45 minutos de entrenamiento
○ 4 LITROS DE AGUA
○ 10 PÁGINAS DE LECTURA
○ 5 minutos de ducha fría
○ SIN ALCOHOL Y CHEAT MEAL
○ UN ACTO DE BONDAD

LISTA DE TAREAS

○
○
○
○
○
○
○
○
○
○
○

AFIRMACIÓN

PLAN DE DIETA		
DESAYUNO		
ALMUERZO		
CENA		

PLAN DE TRABAJO	EJERCICIO	REPETICIÓN	DURACIÓN	NOTAS

LECTURA	TÍTULO	AUTOR	PÁGINAS

RASTREADOR DE ESTADO DE ÁNIMO

ENTRADA DE AGUA

1L 1L 1L 1L

UN ACTO DE BONDAD QUE HICE HOY:

FECHA: ....

Programa Diario

 **DÍA 57**

PROGRAMA DIARIO

6:00 am ....
7:00 am ....
8:00 am ....
9:00 am ....
10:00 am ....
11:00 am ....
12:00 am ....
13:00 pm ....
14:00 pm ....
15:00 pm ....
16:00 pm ....
17:00 pm ....
18:00 pm ....
19:00 pm ....
20:00 pm ....
21:00 pm ....
22:00 pm ....

LISTA DE CONTROL DIARIO

○ SIGA UNA DIETA
○ 45 minutos de entrenamiento
○ 4 LITROS DE AGUA
○ 10 PÁGINAS DE LECTURA
○ 5 minutos de ducha fría
○ SIN ALCOHOL Y CHEAT MEAL
○ UN ACTO DE BONDAD

LISTA DE TAREAS

○ ....
○ ....
○ ....
○ ....
○ ....
○ ....
○ ....
○ ....
○ ....
○ ....
○ ....

AFIRMACIÓN

PLAN DE DIETA		
DESAYUNO		
ALMUERZO		
CENA		

PLAN DE TRABAJO				
EJERCICIO		REPETICIÓN	DURACIÓN	NOTAS

LECTURA			
TÍTULO		AUTOR	PÁGINAS

RASTREADOR DE ESTADO DE ÁNIMO

ENTRADA DE AGUA

UN ACTO DE BONDAD QUE HICE HOY:

Programa Diario

DÍA 58

PROGRAMA DIARIO

6:00 am ....
7:00 am ....
8:00 am ....
9:00 am ....
10:00 am ....
11:00 am ....
12:00 am ....
13:00 pm ....
14:00 pm ....
15:00 pm ....
16:00 pm ....
17:00 pm ....
18:00 pm ....
19:00 pm ....
20:00 pm ....
21:00 pm ....
22:00 pm ....

LISTA DE CONTROL DIARIO

○ SIGA UNA DIETA
○ 45 minutos de entrenamiento
○ 4 LITROS DE AGUA
○ 10 PÁGINAS DE LECTURA
○ 5 minutos de ducha fría
○ SIN ALCOHOL Y CHEAT MEAL
○ UN ACTO DE BONDAD

LISTA DE TAREAS

○ ....
○ ....
○ ....
○ ....
○ ....
○ ....
○ ....
○ ....
○ ....
○ ....
○ ....

AFIRMACIÓN

PLAN DE DIETA		
DESAYUNO		
ALMUERZO		
CENA		

PLAN DE TRABAJO	EJERCICIO	REPETICIÓN	DURACIÓN	NOTAS

LECTURA	TÍTULO	AUTOR	PÁGINAS

RASTREADOR DE ESTADO DE ÁNIMO

ENTRADA DE AGUA

UN ACTO DE BONDAD QUE HICE HOY:

FECHA: ....

Programa Diario

DÍA 59

PROGRAMA DIARIO

6:00   am ....
7:00   am ....
8:00 am ....
9:00 am ....
10:00 am ....
11:00 am ....
12:00 am ....
13:00 pm ....
14:00 pm ....
15:00 pm ....
16:00 pm ....
17:00 pm ....
18:00 pm ....
19:00 pm ....
20:00 pm ....
21:00 pm ....
22:00 pm ....

LISTA DE CONTROL DIARIO

○ SIGA UNA DIETA
○ 45 minutos de entrenamiento
○ 4 LITROS DE AGUA
○ 10 PÁGINAS DE LECTURA
○ 5 minutos de ducha fría
○ SIN ALCOHOL Y CHEAT MEAL
○ UN ACTO DE BONDAD

LISTA DE TAREAS

○ ....
○ ....
○ ....
○ ....
○ ....
○ ....
○ ....
○ ....
○ ....
○ ....
○ ....

AFIRMACIÓN

PLAN DE DIETA		
DESAYUNO		
ALMUERZO		
CENA		

PLAN DE TRABAJO				
EJERCICIO		REPETICIÓN	DURACIÓN	NOTAS

LECTURA			
TÍTULO		AUTOR	PÁGINAS

RASTREADOR DE ESTADO DE ÁNIMO

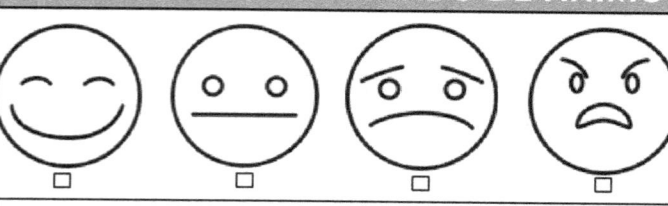

ENTRADA DE AGUA

1L 1L 1L 1L

UN ACTO DE BONDAD QUE HICE HOY:

FECHA: ....

Programa Diario

DÍA 60

PROGRAMA DIARIO

6:00 am	....
7:00 am	....
8:00 am	....
9:00 am	....
10:00 am	....
11:00 am	....
12:00 am	....
13:00 pm	....
14:00 pm	....
15:00 pm	....
16:00 pm	....
17:00 pm	....
18:00 pm	....
19:00 pm	....
20:00 pm	....
21:00 pm	....
22:00 pm	....

LISTA DE CONTROL DIARIO

○ SIGA UNA DIETA
○ 45 minutos de entrenamiento
○ 4 LITROS DE AGUA
○ 10 PÁGINAS DE LECTURA
○ 5 minutos de ducha fría
○ SIN ALCOHOL Y CHEAT MEAL
○ UN ACTO DE BONDAD

LISTA DE TAREAS

○ ....
○ ....
○ ....
○ ....
○ ....
○ ....
○ ....
○ ....
○ ....
○ ....
○ ....

AFIRMACIÓN

PLAN DE DIETA	DESAYUNO	
	ALMUERZO	
	CENA	

PLAN DE TRABAJO	EJERCICIO	REPETICIÓN	DURACIÓN	NOTAS

LECTURA	TÍTULO	AUTOR	PÁGINAS

RASTREADOR DE ESTADO DE ÁNIMO

ENTRADA DE AGUA

1L 1L 1L 1L

UN ACTO DE BONDAD QUE HICE HOY:

Programa Diario

DÍA 61

PROGRAMA DIARIO

6:00 am ....
7:00 am ....
8:00 am ....
9:00 am ....
10:00 am ....
11:00 am ....
12:00 am ....
13:00 pm ....
14:00 pm ....
15:00 pm ....
16:00 pm ....
17:00 pm ....
18:00 pm ....
19:00 pm ....
20:00 pm ....
21:00 pm ....
22:00 pm ....

LISTA DE CONTROL DIARIO

○ SIGA UNA DIETA
○ 45 minutos de entrenamiento
○ 4 LITROS DE AGUA
○ 10 PÁGINAS DE LECTURA
○ 5 minutos de ducha fría
○ SIN ALCOHOL Y CHEAT MEAL
○ UN ACTO DE BONDAD

LISTA DE TAREAS

○
○
○
○
○
○
○
○
○
○
○

AFIRMACIÓN

PLAN DE DIETA		
DESAYUNO		
ALMUERZO		
CENA		

PLAN DE TRABAJO				
EJERCICIO		REPETICIÓN	DURACIÓN	NOTAS

LECTURA			
TÍTULO		AUTOR	PÁGINAS

RASTREADOR DE ESTADO DE ÁNIMO

ENTRADA DE AGUA

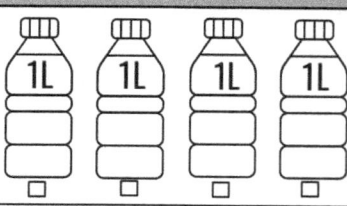

UN ACTO DE BONDAD QUE HICE HOY:

FECHA: ....

Programa Diario

DÍA 62

PROGRAMA DIARIO

6:00   am ....
7:00   am ....
8:00 am ....
9:00 am ....
10:00 am ....
11:00 am ....
12:00 am ....
13:00 pm ....
14:00 pm ....
15:00 pm ....
16:00 pm ....
17:00 pm ....
18:00 pm ....
19:00 pm ....
20:00 pm ....
21:00 pm ....
22:00 pm ....

LISTA DE CONTROL DIARIO

○ SIGA UNA DIETA
○ 45 minutos de entrenamiento
○ 4 LITROS DE AGUA
○ 10 PÁGINAS DE LECTURA
○ 5 minutos de ducha fría
○ SIN ALCOHOL Y CHEAT MEAL
○ UN ACTO DE BONDAD

LISTA DE TAREAS

○
○
○
○
○
○
○
○
○
○
○

AFIRMACIÓN

PLAN DE DIETA		
DESAYUNO		
ALMUERZO		
CENA		

PLAN DE TRABAJO			
EJERCICIO	REPETICIÓN	DURACIÓN	NOTAS

LECTURA		
TÍTULO	AUTOR	PÁGINAS

RASTREADOR DE ESTADO DE ÁNIMO

ENTRADA DE AGUA

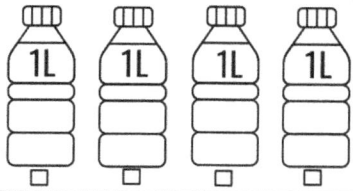

UN ACTO DE BONDAD QUE HICE HOY:

FECHA:

Programa Diario

 DÍA 63

PROGRAMA DIARIO

6:00   am

7:00   am

8:00 am

9:00 am

10:00 am

11:00 am

12:00 am

13:00 pm

14:00 pm

15:00 pm

16:00 pm

17:00 pm

18:00 pm

19:00 pm

20:00 pm

21:00 pm

22:00 pm

LISTA DE CONTROL DIARIO

○ SIGA UNA DIETA

○ 45 minutos de entrenamiento

○ 4 LITROS DE AGUA

○ 10 PÁGINAS DE LECTURA

○ 5 minutos de ducha fría

○ SIN ALCOHOL Y CHEAT MEAL

○ UN ACTO DE BONDAD

LISTA DE TAREAS

○
○
○
○
○
○
○
○
○
○
○
○

AFIRMACIÓN

PLAN DE DIETA		
DESAYUNO		
ALMUERZO		
CENA		

PLAN DE TRABAJO	EJERCICIO	REPETICIÓN	DURACIÓN	NOTAS

LECTURA	TÍTULO	AUTOR	PÁGINAS

RASTREADOR DE ESTADO DE ÁNIMO

ENTRADA DE AGUA

UN ACTO DE BONDAD QUE HICE HOY:

FECHA: ....

Programa Diario

DÍA 64

PROGRAMA DIARIO

6:00   am ....
7:00   am ....
8:00 am ....
9:00 am ....
10:00 am ....
11:00 am ....
12:00 am ....
13:00 pm ....
14:00 pm ....
15:00 pm ....
16:00 pm ....
17:00 pm ....
18:00 pm ....
19:00 pm ....
20:00 pm ....
21:00 pm ....
22:00 pm ....

LISTA DE CONTROL DIARIO

○ SIGA UNA DIETA
○ 45 minutos de entrenamiento
○ 4 LITROS DE AGUA
○ 10 PÁGINAS DE LECTURA
○ 5 minutos de ducha fría
○ SIN ALCOHOL Y CHEAT MEAL
○ UN ACTO DE BONDAD

LISTA DE TAREAS

○
○
○
○
○
○
○
○
○
○
○

AFIRMACIÓN

PLAN DE DIETA		
DESAYUNO		
ALMUERZO		
CENA		

PLAN DE TRABAJO	EJERCICIO	REPETICIÓN	DURACIÓN	NOTAS

LECTURA	TÍTULO	AUTOR	PÁGINAS

RASTREADOR DE ESTADO DE ÁNIMO

ENTRADA DE AGUA

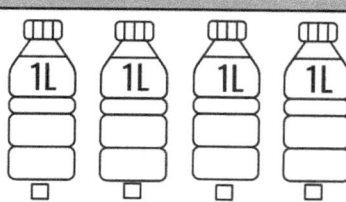

UN ACTO DE BONDAD QUE HICE HOY:

FECHA: ....

Programa Diario

DÍA 65

PROGRAMA DIARIO

6:00 am	....
7:00 am	....
8:00 am	....
9:00 am	....
10:00 am	....
11:00 am	....
12:00 am	....
13:00 pm	....
14:00 pm	....
15:00 pm	....
16:00 pm	....
17:00 pm	....
18:00 pm	....
19:00 pm	....
20:00 pm	....
21:00 pm	....
22:00 pm	....

AFIRMACIÓN

LISTA DE CONTROL DIARIO

- ○ SIGA UNA DIETA
- ○ 45 minutos de entrenamiento
- ○ 4 LITROS DE AGUA
- ○ 10 PÁGINAS DE LECTURA
- ○ 5 minutos de ducha fría
- ○ SIN ALCOHOL Y CHEAT MEAL
- ○ UN ACTO DE BONDAD

LISTA DE TAREAS

- ○ ....
- ○ ....
- ○ ....
- ○ ....
- ○ ....
- ○ ....
- ○ ....
- ○ ....
- ○ ....
- ○ ....
- ○ ....

PLAN DE DIETA		
DESAYUNO		
ALMUERZO		
CENA		

PLAN DE TRABAJO	EJERCICIO	REPETICIÓN	DURACIÓN	NOTAS

LECTURA	TÍTULO	AUTOR	PÁGINAS

RASTREADOR DE ESTADO DE ÁNIMO

☐ ☐ ☐ ☐

ENTRADA DE AGUA

1L 1L 1L 1L

☐ ☐ ☐ ☐

UN ACTO DE BONDAD QUE HICE HOY:

Programa Diario

DÍA 66

PROGRAMA DIARIO

6:00 am	
7:00 am	
8:00 am	
9:00 am	
10:00 am	
11:00 am	
12:00 am	
13:00 pm	
14:00 pm	
15:00 pm	
16:00 pm	
17:00 pm	
18:00 pm	
19:00 pm	
20:00 pm	
21:00 pm	
22:00 pm	

AFIRMACIÓN

LISTA DE CONTROL DIARIO

- ○ SIGA UNA DIETA
- ○ 45 minutos de entrenamiento
- ○ 4 LITROS DE AGUA
- ○ 10 PÁGINAS DE LECTURA
- ○ 5 minutos de ducha fría
- ○ SIN ALCOHOL Y CHEAT MEAL
- ○ UN ACTO DE BONDAD

LISTA DE TAREAS

- ○
- ○
- ○
- ○
- ○
- ○
- ○
- ○
- ○
- ○
- ○

PLAN DE DIETA		
DESAYUNO		
ALMUERZO		
CENA		

PLAN DE TRABAJO	EJERCICIO	REPETICIÓN	DURACIÓN	NOTAS

LECTURA	TÍTULO	AUTOR	PÁGINAS

RASTREADOR DE ESTADO DE ÁNIMO

ENTRADA DE AGUA

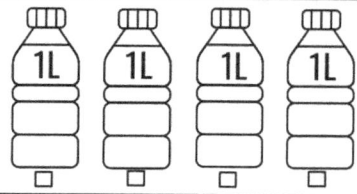

UN ACTO DE BONDAD QUE HICE HOY:

FECHA: .... # Programa Diario

DÍA 67

PROGRAMA DIARIO

6:00   am ....
7:00   am ....
8:00 am ....
9:00 am ....
10:00 am ....
11:00 am ....
12:00 am ....
13:00 pm ....
14:00 pm ....
15:00 pm ....
16:00 pm ....
17:00 pm ....
18:00 pm ....
19:00 pm ....
20:00 pm ....
21:00 pm ....
22:00 pm ....

LISTA DE CONTROL DIARIO

○ SIGA UNA DIETA
○ 45 minutos de entrenamiento
○ 4 LITROS DE AGUA
○ 10 PÁGINAS DE LECTURA
○ 5 minutos de ducha fría
○ SIN ALCOHOL Y CHEAT MEAL
○ UN ACTO DE BONDAD

LISTA DE TAREAS

○ ....
○ ....
○ ....
○ ....
○ ....
○ ....
○ ....
○ ....
○ ....
○ ....
○ ....

AFIRMACIÓN

PLAN DE DIETA		
DESAYUNO		
ALMUERZO		
CENA		

PLAN DE TRABAJO	EJERCICIO	REPETICIÓN	DURACIÓN	NOTAS

LECTURA	TÍTULO	AUTOR	PÁGINAS

RASTREADOR DE ESTADO DE ÁNIMO

ENTRADA DE AGUA

1L 1L 1L 1L

UN ACTO DE BONDAD QUE HICE HOY:

Programa Diario

DÍA 68

PROGRAMA DIARIO

6:00 am ....
7:00 am ....
8:00 am ....
9:00 am ....
10:00 am ....
11:00 am ....
12:00 am ....
13:00 pm ....
14:00 pm ....
15:00 pm ....
16:00 pm ....
17:00 pm ....
18:00 pm ....
19:00 pm ....
20:00 pm ....
21:00 pm ....
22:00 pm ....

LISTA DE CONTROL DIARIO

○ SIGA UNA DIETA
○ 45 minutos de entrenamiento
○ 4 LITROS DE AGUA
○ 10 PÁGINAS DE LECTURA
○ 5 minutos de ducha fría
○ SIN ALCOHOL Y CHEAT MEAL
○ UN ACTO DE BONDAD

LISTA DE TAREAS

○ ....
○ ....
○ ....
○ ....
○ ....
○ ....
○ ....
○ ....
○ ....
○ ....
○ ....
○ ....

AFIRMACIÓN

PLAN DE DIETA		
DESAYUNO		
ALMUERZO		
CENA		

PLAN DE TRABAJO				
EJERCICIO		REPETICIÓN	DURACIÓN	NOTAS

LECTURA		
TÍTULO	AUTOR	PÁGINAS

RASTREADOR DE ESTADO DE ÁNIMO

ENTRADA DE AGUA

1L 1L 1L 1L

UN ACTO DE BONDAD QUE HICE HOY:

FECHA: ....

Programa Diario

DÍA 69

PROGRAMA DIARIO

6:00 am ....
7:00 am ....
8:00 am ....
9:00 am ....
10:00 am ....
11:00 am ....
12:00 am ....
13:00 pm ....
14:00 pm ....
15:00 pm ....
16:00 pm ....
17:00 pm ....
18:00 pm ....
19:00 pm ....
20:00 pm ....
21:00 pm ....
22:00 pm ....

LISTA DE CONTROL DIARIO

○ SIGA UNA DIETA
○ 45 minutos de entrenamiento
○ 4 LITROS DE AGUA
○ 10 PÁGINAS DE LECTURA
○ 5 minutos de ducha fría
○ SIN ALCOHOL Y CHEAT MEAL
○ UN ACTO DE BONDAD

LISTA DE TAREAS

○ ....
○ ....
○ ....
○ ....
○ ....
○ ....
○ ....
○ ....
○ ....
○ ....
○ ....
○ ....

AFIRMACIÓN

PLAN DE DIETA		
DESAYUNO		
ALMUERZO		
CENA		

PLAN DE TRABAJO	EJERCICIO	REPETICIÓN	DURACIÓN	NOTAS

LECTURA	TÍTULO	AUTOR	PÁGINAS

RASTREADOR DE ESTADO DE ÁNIMO

ENTRADA DE AGUA

UN ACTO DE BONDAD QUE HICE HOY:

Programa Diario

 **DÍA 70**

PROGRAMA DIARIO

6:00   am ....
7:00   am ....
8:00 am ....
9:00 am ....
10:00 am ....
11:00 am ....
12:00 am ....
13:00 pm ....
14:00 pm ....
15:00 pm ....
16:00 pm ....
17:00 pm ....
18:00 pm ....
19:00 pm ....
20:00 pm ....
21:00 pm ....
22:00 pm ....

LISTA DE CONTROL DIARIO

○ SIGA UNA DIETA
○ 45 minutos de entrenamiento
○ 4 LITROS DE AGUA
○ 10 PÁGINAS DE LECTURA
○ 5 minutos de ducha fría
○ SIN ALCOHOL Y CHEAT MEAL
○ UN ACTO DE BONDAD

LISTA DE TAREAS

○
○
○
○
○
○
○
○
○
○
○

AFIRMACIÓN

8

PLAN DE DIETA		
DESAYUNO		
ALMUERZO		
CENA		

PLAN DE TRABAJO	EJERCICIO	REPETICIÓN	DURACIÓN	NOTAS

LECTURA	TÍTULO	AUTOR	PÁGINAS

RASTREADOR DE ESTADO DE ÁNIMO

ENTRADA DE AGUA

1L 1L 1L 1L

UN ACTO DE BONDAD QUE HICE HOY:

FECHA: ....

Programa Diario

PROGRAMA DIARIO

6:00	am ....
7:00	am ....
8:00 am	....
9:00 am	....
10:00 am	....
11:00 am	....
12:00 am	....
13:00 pm	....
14:00 pm	....
15:00 pm	....
16:00 pm	....
17:00 pm	....
18:00 pm	....
19:00 pm	....
20:00 pm	....
21:00 pm	....
22:00 pm	....

LISTA DE CONTROL DIARIO

○ SIGA UNA DIETA
○ 45 minutos de entrenamiento
○ 4 LITROS DE AGUA
○ 10 PÁGINAS DE LECTURA
○ 5 minutos de ducha fría
○ SIN ALCOHOL Y CHEAT MEAL
○ UN ACTO DE BONDAD

LISTA DE TAREAS

○ ....
○ ....
○ ....
○ ....
○ ....
○ ....
○ ....
○ ....
○ ....
○ ....
○ ....

AFIRMACIÓN

PLAN DE DIETA		
DESAYUNO		
ALMUERZO		
CENA		

PLAN DE TRABAJO	EJERCICIO	REPETICIÓN	DURACIÓN	NOTAS

LECTURA	TÍTULO	AUTOR	PÁGINAS

RASTREADOR DE ESTADO DE ÁNIMO

ENTRADA DE AGUA

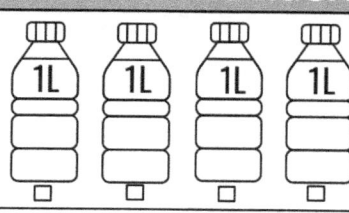

UN ACTO DE BONDAD QUE HICE HOY:

Programa Diario

PROGRAMA DIARIO

6:00 am ....
7:00 am ....
8:00 am ....
9:00 am ....
10:00 am ....
11:00 am ....
12:00 am ....
13:00 pm ....
14:00 pm ....
15:00 pm ....
16:00 pm ....
17:00 pm ....
18:00 pm ....
19:00 pm ....
20:00 pm ....
21:00 pm ....
22:00 pm ....

LISTA DE CONTROL DIARIO

○ SIGA UNA DIETA
○ 45 minutos de entrenamiento
○ 4 LITROS DE AGUA
○ 10 PÁGINAS DE LECTURA
○ 5 minutos de ducha fría
○ SIN ALCOHOL Y CHEAT MEAL
○ UN ACTO DE BONDAD

LISTA DE TAREAS

○ ....
○ ....
○ ....
○ ....
○ ....
○ ....
○ ....
○ ....
○ ....
○ ....
○ ....

AFIRMACIÓN

PLAN DE DIETA		
DESAYUNO		
ALMUERZO		
CENA		

PLAN DE TRABAJO	EJERCICIO	REPETICIÓN	DURACIÓN	NOTAS

LECTURA	TÍTULO	AUTOR	PÁGINAS

RASTREADOR DE ESTADO DE ÁNIMO

ENTRADA DE AGUA

1L 1L 1L 1L

UN ACTO DE BONDAD QUE HICE HOY:

FECHA: ....

Programa Diario

DÍA 73

PROGRAMA DIARIO

6:00   am ....
7:00   am ....
8:00 am ....
9:00 am ....
10:00 am ....
11:00 am ....
12:00 am ....
13:00 pm ....
14:00 pm ....
15:00 pm ....
16:00 pm ....
17:00 pm ....
18:00 pm ....
19:00 pm ....
20:00 pm ....
21:00 pm ....
22:00 pm ....

LISTA DE CONTROL DIARIO

○ SIGA UNA DIETA
○ 45 minutos de entrenamiento
○ 4 LITROS DE AGUA
○ 10 PÁGINAS DE LECTURA
○ 5 minutos de ducha fría
○ SIN ALCOHOL Y CHEAT MEAL
○ UN ACTO DE BONDAD

LISTA DE TAREAS

○ ....
○ ....
○ ....
○ ....
○ ....
○ ....
○ ....
○ ....
○ ....
○ ....
○ ....

AFIRMACIÓN

PLAN DE DIETA		
DESAYUNO		
ALMUERZO		
CENA		

PLAN DE TRABAJO	EJERCICIO	REPETICIÓN	DURACIÓN	NOTAS

LECTURA	TÍTULO	AUTOR	PÁGINAS

RASTREADOR DE ESTADO DE ÁNIMO

ENTRADA DE AGUA

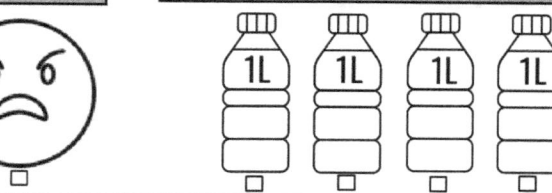

UN ACTO DE BONDAD QUE HICE HOY:

Programa Diario

DÍA 74

FECHA: ....

PROGRAMA DIARIO

6:00   am ....
7:00   am ....
8:00 am ....
9:00 am ....
10:00 am ....
11:00 am ....
12:00 am ....
13:00 pm ....
14:00 pm ....
15:00 pm ....
16:00 pm ....
17:00 pm ....
18:00 pm ....
19:00 pm ....
20:00 pm ....
21:00 pm ....
22:00 pm ....

LISTA DE CONTROL DIARIO

○ SIGA UNA DIETA
○ 45 minutos de entrenamiento
○ 4 LITROS DE AGUA
○ 10 PÁGINAS DE LECTURA
○ 5 minutos de ducha fría
○ SIN ALCOHOL Y CHEAT MEAL
○ UN ACTO DE BONDAD

LISTA DE TAREAS

○
○
○
○
○
○
○
○
○
○
○

AFIRMACIÓN

PLAN DE DIETA		
DESAYUNO		
ALMUERZO		
CENA		

PLAN DE TRABAJO			
EJERCICIO	REPETICIÓN	DURACIÓN	NOTAS

LECTURA		
TÍTULO	AUTOR	PÁGINAS

RASTREADOR DE ESTADO DE ÁNIMO

ENTRADA DE AGUA

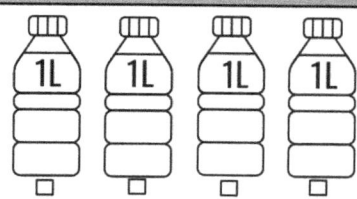

UN ACTO DE BONDAD QUE HICE HOY:

FECHA: .... # Programa Diario  **DÍA 75**

PROGRAMA DIARIO

6:00 am ....
7:00 am ....
8:00 am ....
9:00 am ....
10:00 am ....
11:00 am ....
12:00 am ....
13:00 pm ....
14:00 pm ....
15:00 pm ....
16:00 pm ....
17:00 pm ....
18:00 pm ....
19:00 pm ....
20:00 pm ....
21:00 pm ....
22:00 pm ....

LISTA DE CONTROL DIARIO

○ SIGA UNA DIETA
○ 45 minutos de entrenamiento
○ 4 LITROS DE AGUA
○ 10 PÁGINAS DE LECTURA
○ 5 minutos de ducha fría
○ SIN ALCOHOL Y CHEAT MEAL
○ UN ACTO DE BONDAD

LISTA DE TAREAS

○ ....
○ ....
○ ....
○ ....
○ ....
○ ....
○ ....
○ ....
○ ....
○ ....
○ ....

AFIRMACIÓN

PLAN DE DIETA		
DESAYUNO		
ALMUERZO		
CENA		

PLAN DE TRABAJO	EJERCICIO	REPETICIÓN	DURACIÓN	NOTAS

LECTURA	TÍTULO	AUTOR	PÁGINAS

RASTREADOR DE ESTADO DE ÁNIMO

☐ ☐ ☐ ☐

ENTRADA DE AGUA

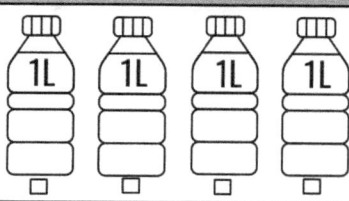

☐ ☐ ☐ ☐

UN ACTO DE BONDAD QUE HICE HOY:

Gracias por todo!

- ¡Muchas gracias por probar nuestro Libro del Reto de los 75 días

  ¡Nos encantaría saber de ti!

  Si te ha parecido un buen libro, por favor
  apóyanos y deja una reseña.

  Si tienes alguna sugerencia o problema con este diario, o si
  quieres probar alguno de nuestros últimos libros
  por favor, envíanos un correo electrónico.

  Envíe un correo electrónico a:
  pickme.readme@gmail.com